algar

Consejo asesor de la colección

Ignacio Aranguren, Salvador Bataller y José Antonio Martínez

Títulos publicados

Existen recursos didácticos referidos a este libro que se pueden descargar de forma gratuita desde la página web www.algareditorial.com.

Título original: *Monopatins (Skaters)*
© Manuel Molins Casaña, 2006
© Traducción: Pau Sanchis Ferrer, 2026
© Introducción: Francesc Foguet i Boreu, 2006
© Algar Editorial
   Apartado de correos 225 - 46600 Alzira
   www.algareditorial.com
Diseño de la colección y cubierta: Carles Barrios
Impresión: Romanyà Valls
1.ª edición: enero, 2026
ISBN: 978-84-9142-877-0
DL: V-4837-2025

Manuel Molins

Monopatines
(Skaters)

Traducción de Pau Sanchis Ferrer
Introducción de Francesc Foguet

ÍNDICE

Introducción

¿QUIÉN NO HA SIDO UN ADOLESCENTE IMBÉCIL A LOS CATORCE AÑOS?

> —La vida es una partida, muchacho. La vida es una partida y hay que vivirla de acuerdo con las reglas del juego.
> —Sí, señor. Ya lo sé. Ya lo sé.
> De partida un cuerno. Menuda partida. Si te toca del lado de los que cortan el bacalao, desde luego que es una partida, eso lo reconozco. Pero si te toca del otro lado, no veo dónde está la partida. En ninguna parte. Lo que es de partida, nada.
>
> *El guardián entre el centeno*
> J. D. SALINGER

Los adultos acostumbran a estigmatizar indiscriminadamente a los adolescentes y a colgarles todos los sambenitos: antisociales, distorsionadores, incívicos, violentos... Los medios de comunicación también suelen alimentar dichos prejuicios sobre la juventud actual. En realidad, sin embargo, la mayoría de los jóvenes no deja de ser una muestra de la sociedad, de las contradicciones y las precariedades del cuerpo social del que forma parte. Los jóvenes, que están en proceso de crecimiento —físico, intelectual, emocional—, pueden ver a su alrededor un mundo de adultos que tiene poco crédito, que es incoherente y perverso, y que no responde a los valores que intentan inculcar la escuela o el instituto. El desfase entre el mundo de fuera y el de dentro es tan grande que conduce al desconcierto insondable, a la perplejidad angustiada de profesores y alumnos. Entre estos dos colectivos se abren abismos de incomunicación y de falta de reciprocidad cada vez más profundos e insalvables. Cuesta establecer puentes de diálogo y de entendimiento entre ellos.

Manuel Molins, uno de los dramaturgos más destacados de la escena catalana contemporánea, ha querido escribir un texto que, desde la vivencia y sin complejos, trate dramáticamente los déficits y los problemas que se sufren en secundaria. *Monopatines (Skaters)* se basa en una realidad conocida de cerca e intenta reflejar su complejidad sin «consuelos imaginarios», pero con un punto psicofantástico explorado ya en *Una altra Ofèlia* (2005), del mismo Molins. Los alumnos de la Enseñanza Secundaria Obligatoria son, de hecho, la futura mayoría social y encarnan las mutaciones que sufren las relaciones, los valores y los paradigmas sociales en la era de la «modernidad líquida» (Bauman, 2005). Los estudiantes de secundaria se convierten en un espejo contradictorio de las problemáticas de la sociedad coetánea y tensionan la comunidad educativa, que no tiene otro remedio que darles una respuesta adecuada, sin olvidar que el aspecto afectivo es fundamental en el ámbito de la pedagogía y la educación. Al fin y al cabo, en el mejor de los paradigmas, educar es aprender a saber, pensar, sentir y actuar por uno mismo y con los demás, e implica el desarrollo de actitudes y valores para el autoconocimiento y la comprensión de las razones de los otros.

La estela de Pigmalión

En *Monopatines (Skaters)*, Manuel Molins opera una doble subversión del tema clásico de la relación –impregnada de erotismo o, por lo menos, de seducción– entre el maestro maduro y la joven discípula que encontramos desde en *La escuela de las mujeres*, de Molière, hasta en la pareja de filósofos Martin Heidegger y Hannah Arendt, pasando por el célebre dueto de Abelardo y Eloísa (Steiner, 2004: 86-91). También, específicamente en el género teatral contemporáneo, en la veta del teatro de Pigmalión que inauguró Bernard Shaw (*Pigmalión*) y actualizaron Willy Russell (*Educando a Rita*) y David Mamet (*Oleana*). *Monopatines* se inscribe en este hilo temático de la relación maestro-discípula y de la tradición del teatro de Pigmalión, pero, como no podía ser de otro modo, cambia la perspectiva y aporta una visión más actual, enraizada en la experiencia en los institutos, en la realidad que se vive en las aulas de una ciudad como València (aunque también podría ser París, Londres o Nueva York).

Por una parte, Molins cambia el género de la pareja: el vínculo se establece entre *una* profesora de secundaria y *un* alumno adolescente, de modo que se rompe, como dice el propio dramaturgo en el anexo 1,

el poder monopolístico de los hombres como personajes principales [...], mostrando una nueva manera de ejercer el poder académico a través de una joven profesora, Sara, y de las nuevas relaciones en el seno del sistema educativo sin las ambigüedades misóginas que se dan, por ejemplo, en la obra de Mamet. Un poder que ya no se quiere omnímodo, sino que se cuestiona a sí mismo y trata de ponerse al servicio de la

11

función para la que ha sido creado, con todos los problemas y equívocos que eso puede conllevar.

Y, por otra, aunque exista una atracción ambigua, no hay ninguna relación erótica entre ambos personajes. Sara y David, los dos protagonistas de *Monopatines*, son seres a la deriva que se encuentran por necesidad, que se atraen irremediablemente porque los dos se sienten perdidos y desamparados en un mundo hostil.

Monopatines no trata sobre los desniveles socioeconómicos y expresivos vencidos por el amor (*Pigmalión*), ni sobre las relaciones alumna-profesor (*Educando a Rita*) o su perversión (*Oleana*) en el mundo universitario, sino que se centra en la realidad cotidiana, en la vida diaria, concreta, tangible, de la Enseñanza Secundaria Obligatoria actual. Es un texto pionero –como también lo fue, en el tema de la inmigración, la dilogía *Abú Magrib* y *Elisa*– en el tratamiento dramatúrgico de la educación en la secundaria de hoy. La perspectiva que se plantea rehúye, como ya es habitual en el teatro de Molins (Sansano, 2002), las mistificaciones reductoras y enfoca la problemática desde la ambivalencia y la complejidad vital, que deja entrever la disociación entre la escuela y la vida personal, entre el rol público y la vida privada de los personajes.

La ambivalencia intenta evitar cualquier tentación maniquea (buenos/malos) y ofrecer la doble cara de Sara y David: ambos son diferentes dentro y fuera de la escuela. Sara, tan desconcertada como David, sufre en su propia piel la desmotivación profesional, la falta de reconocimiento social de su trabajo, las dificultades de la enseñanza para adaptarse tanto al presente como a los constantes cambios en los modelos pedagógicos y socioculturales, y la consideración de los centros públicos como unos vertederos donde se tiran todas las responsabilidades educativas y en los que estas se vuelven prisioneras de todos los fracasos de la enseñanza. Sara vive, a los veintiséis años, todos estos problemas de manera palpable día tras día: los padres la culpan de la pésima educación de sus hijos y renuncian a asumir la responsabilidad que les corresponde o a actuar de manera conjunta con los profesores. En su vida privada, Sara también se halla ante una doble disyuntiva afectiva que distorsiona su dedicación profesional: la falta de reciprocidad en una frágil relación sentimental y la dificultad de adecuar su visión del mundo a la realidad que la rodea.

A su vez, David no es tan solo un alumno impulsivo y violento que no muestra ningún interés por aprender en las aulas, sino que, como persona, tiene un mundo privado rico, compuesto de magia y de *skateboard fever* ('fiebre del monopatín'), si bien este mundo está muy lejos de lo que le brinda el currículum escolar. A los catorce años, se niega a hacerse mayor y expresa su incomprensión hacia el planeta de los adultos, que ni comprende ni lo comprende. Su franqueza lo lleva a demostrar su rechazo hacia los eufemismos que maquillan la realidad, a darse cuenta de las formas de violencia institucional de las que puede ser objeto o a denunciar la prepotencia de los adultos, que siempre creen que los más jóvenes no son capaces de entenderlos. Pero el miedo adolescente lo lleva a actuar a la defensiva, encerrándose en el círculo de los amigos y negándose a aceptar su conducta agresiva o la ayuda que le ofrece Sara. La situación que vive en su casa, con un padre en crisis que maltrata a la madre, lo lleva a adoptar actitudes violentas con los compañeros de clase y a refugiarse en el mundo de los *skaters*.

La complejidad de *Monopatines* aleja la propuesta de otros intentos tendenciosos de reflejar el mundo de la adolescencia, como *El enemigo de la clase*, de Nigel Williams, en el que un grupo de alumnos de clase baja, abandonados en un aula de una escuela situada en un barrio marginal de una gran ciudad, se dedican a insultarse mutuamente para saciar su conducta (auto)destructiva y a expresar su particular manera de entender o de odiar el mundo. La pieza de Molins amplía el enfoque y gana en profundidad (e intimidad): pone el punto de mira sobre todo en dos personajes —una profesora y un alumno— que se encuentran a un lado y al otro de la barrera. Ni Sara es una Mary Poppins en la era del desconcierto, ni David procede de una situación familiar precaria, ya que sus padres pertenecen a la clase media y son aparentemente *respetables*.

Monopatines rehúye los simplismos y afronta el tema de la educación de los jóvenes desde una visión muy concreta y personal: la relación profesora y alumno como expresión metafórica de dos colectivos que, atónitos y perplejos, están participando en el mismo juego incierto y enmarañado. Los docentes deben afrontar el reto de educar en un mundo que no tiene apoyos sólidos y que aniquila el sentimiento o la inocencia. Los alumnos, por su parte, viven en carne propia la precariedad de las relaciones y de las conexiones con los grupos de pertenencia e identificación (los amigos, la familia, los vecinos) y la falta de expectativas de futuro, un callejón sin salida que a menudo los conduce a la desmotivación, la indiferencia y, como reacción, a la conflictividad y la agresividad. Los jóvenes, como los adultos, se sienten cada vez más solos, y, encerrados en un onanismo emocional y un individualismo narcisista, tienen cada vez más dificultades para disponer de un espacio afectivo de refugio y liberación y para desarrollar la personalidad y la asertividad dentro de los grupos de acogida.

Profesora y alumno

Los dos personajes de *Monopatines*, Sara y David, viven tres de las estructuras de relación que se pueden establecer entre un maestro y un discípulo: 1) la destrucción psicológica (o física) del alumno por el maestro, 2) la derrota psicológica (o física) del maestro por el alumno y 3) la del intercambio, del diálogo, de la mutua confianza (Steiner, 2004: 11-12). En efecto, Sara ha sufrido el modelo *pedagógico* de un padre que basa la educación en la autoridad unívoca e indiscutible. David excede los límites de la relación profesora-alumno con el ejercicio de una violencia que también ha visto en su casa, en la calle, entre los compañeros o en los medios audiovisuales. Sara y David, a pesar de todo, consiguen intercambiar confianza y afecto por osmosis: profesora y alumno aprenden recíprocamente porque, al fin y al cabo, ambos necesitan ayuda. El vínculo profesora y alumno, con todos los malentendidos y las dificultades que presenta, se convierte en una experiencia compleja, matizadamente positiva.

Las conversaciones entre Sara y David permiten establecer un diálogo intenso, amistoso, muy rico en potencialidades, pero que queda un poco deslucido por las relaciones de poder. En el despacho, Sara no tiene la misma autoridad que en el aula, delante de toda la clase, donde las dinámicas de poder cambian. Tampoco ejerce el poder bruto, histórico, como lo hace el Profesor de *La lección*, de Ionesco. Su relación es dialéctica, es decir, habla con David de tú a tú en una especie de intercambio recíproco y enriquecedor en términos afectivos y emocionales, sin caer en las trampas de la *profesora amiga*, ya que los alumnos necesitan unos puntos de referencia, una carta de navegar. Sara es una profesora vocacional y es consciente de la responsabilidad que recae sobre ella en un mundo hostil a las *enseñanzas eternas*, a la concepción humanística de la educación que valora la creatividad y la independencia, porque sabe que tiene en sus manos a seres humanos en proceso de formación que viven alienados, desorientados y perdidos en una realidad agresiva.

El desconcierto de Sara radica en que tiene al alcance de la mano unos modelos profesionales que no le sirven para afrontar los problemas y, en consecuencia, debe replantear y adaptar las bases pedagógicas recibidas: se empecina tanto en inculcar un saber que se olvida de ofrecer lo que sabe y, sobre todo, lo que siente. Cuando David se presenta con una evidencia del acoso que ha ejercido contra un alumno de la clase, Sara aplica una receta inmediata, pero demasiado simple para ser eficaz. No se trata *solamente* de un problema de disciplina, pero, movida por la inquietud, Sara procura ir más allá, ya que intuye que el alcance del incidente es más hondo. La dificultad de Sara está en hallar respuestas válidas a las preguntas que se formula continuamente sobre la enseñanza o sobre el amor, y para las que no encuentra soluciones rápidas, operativas o rentables. No sirven los manuales ni los solucionarios, porque –por fortuna– la vida es mucho más compleja.

La persuasión, que está en la base de la enseñanza, aspira a crear vínculos de comunicación, complicidades humanas de sentimientos, pasiones y frustraciones compartidas (Steiner, 2004: 33). Cuando un profesor o una profesora quiere enseñar, inevitablemente tiene que persuadir, tiene que seducir a los alumnos, pero también tiene que dejarse seducir por ellos. El movimiento es recíproco. Precisamente, de entrada, Sara comete el error de creer que solo ella puede enseñar; no se da cuenta de que la educación puede tener como objetivo principal «suscitar y reforzar cualquier impulso creativo que el hombre pueda tener» (Chomsky, 2005: 90) y, por lo tanto, que David también puede aportarle conocimientos valiosos. Además, al principio intenta obviar que su malestar para con la educación, la insatisfacción personal y los problemas sentimentales afectan, en parte, a su capacidad de respuesta en el trabajo y al nivel de ilusión y de esfuerzo que aporta y exige. Pero, al mismo tiempo, su crisis, en ebullición o en cambio, la predispone a comprender mejor a David y a preocuparse por conocer qué hay detrás de su actuación indisciplinada.

A diferencia de su padre, que, no por casualidad, también es profesor, Sara ya no vive en el mundo aparentemente sólido de la enseñanza de antes, de la vieja escuela de la autoridad indiscutida *a la manera de Pigmalión*, sino que participa de la agonía de la posmodernidad —el mundo de *Blade Runner*— y no sabe qué hacer: duda y se angustia porque, como otros colegas suyos, se compromete con el trabajo, pero sin obtener apenas reciprocidad a cambio. Su padre fundamenta la enseñanza en la información, la autoridad y la disciplina, y cree que esta es la base de la sociedad. Sara, por el contrario, se encuentra con que los *discursos gastados* ya no son válidos y que, a pesar de todo, todavía tiene confianza en el amor, en el impulso del corazón. La sociedad de antes, la de su padre, ya no es la de ahora, la de Sara y los profesores novatos, ni esta es tampoco la de mañana, la de David y las generaciones jóvenes. No se trata de negar la disciplina (el propio David ensaya cada día, con tenacidad, su salto con el monopatín), sino de introducirla en la enseñanza como un valor renovado y necesario que se integre en la vida del alumno y en sus motivaciones.

La evolución de Sara, que es joven e inexperta, parte de una rebelión interior que la lleva a adentrarse en el conocimiento y en la experiencia tanto desde el punto de vista profesional como vital. Desde el primer encuentro, en el que reacciona de manera tópica y previsible, Sara se cuestiona su papel de profesora y, mediante tentativas de acercamiento (se entrevista con la madre del chico), va conociendo mucho mejor los diversos mundos de David. En virtud de eso, dispone de más elementos para comprender sus reacciones y miedos (escena 3). Gracias a la relación que se establece entre ambos, Sara descubre que la educación es cariño y esperanza, reciprocidad ausente e inestable, predisposición para dar y recibir, sin que eso implique descuidar la profesionalidad responsable, el reconocimiento propio y de los compañeros, la perfectibilidad de las acciones humanas, etcétera. Su decisión final –permanecer en el centro– puede leerse como una afirmación de la necesidad de seguir al pie del cañón.

Con la autoestima baja, David se encuentra en medio de los conflictos familiares y de la relación deficitaria que viven sus padres y que él mismo mantiene con ellos; puede observar de cerca la violencia que ejerce el padre sobre la madre y, por lo tanto, es un candidato ideal para convertirse en un acosador que, con amenazas o violencia física, ejerza *bullying* contra los compañeros más débiles. David tiene una personalidad impulsiva, poco proclive a la empatía y favorable a la violencia que ha interiorizado como modelo de relación en casa. En el instituto, tiende a adoptar una actitud negativa hacia los profesores y presenta déficit de atención en clase, como el resto de los compañeros de la pandilla de acosadores que perpetran canalladas.

Sin embargo, David es objeto de amenazas por parte de sus propios amigos de pandilla, porque se niega a participar en las agresiones y los insultos contra los inmigrantes, los homosexuales o los indigentes. Si deja de formar parte de ello, la pandilla lo excluye del grupo y lo margina: lo convierte en una víctima más. David responde a la tipología del acosador acosado y pasa gradualmente de ejercer el abuso de poder a sufrirlo, ya que, por sensibilidad propia o conciencia ética, se percata de que estas conductas no están bien y tiene la necesidad de hablar de ello, de manera confidencial, con Sara para encontrar una salida a su angustia personal. De las conversaciones con la joven profesora nacerá un enamoramiento inconsciente y confuso, característico de la adolescencia, que le permitirá conocer una dimensión desconocida.

Como muchos niños de su edad, David intenta construirse un mundo propio con su grupo de amigos, el *skateboarding* o internet. También le gusta, sin embargo, leer libros sobre magia y alquimia para abstraerse del mundo que no comprende y que querría cambiar. Su interés por la alquimia –que tiene ecos del *Opus nigrum*, de Marguerite Yourcenar, y de las ficciones juveniles *El señor de los anillos* y *Harry Potter*– es también la concreción de un ideal imposible: conseguir el elixir de amor, un filtro mágico para alcanzar la felicidad. De todos modos, aparte de este elemento poético-fantástico, su *hobby* es el monopatín, porque le permite *deslizarse* en libertad por la ciudad anónima, encontrar la vibración emocional en el arte del pilotaje (Lacroix, 2005: 29) y sentirse bien con una gratuidad y un deseo de aventura que encuentra también en la lectura de textos alquímicos.

Los pensamientos de David –que podemos descubrir a través de sus monólogos (escenas 2 y 7)– expresan sus contradicciones, que hacen que pase del insulto directo a un indicio de ternura, de la violencia al amor. El contrapunto de la agresividad verbal de David es el deseo constante de superación como *skater*, la libertad, la vida y los retos que encuentra en la práctica del monopatín y la búsqueda apasionada de «un gran elixir de amor que nos haga a todos entrar en la razón del amor verdadero» (escena 3). David podría ser un nieto valenciano de Holden Caulfield, el ingenuo seductor de *El guardián entre el centeno*, de J. D. Salinger. Porque, así como la voz narrativa de aquella novela cuestiona, con una potente y sencilla ligereza, el *american way of life*, David también se expresa de manera directa y ácida y pone contra las cuerdas los estereotipos sociales de la juventud. No es ningún joven rebelde enfrentado al Goliat del capitalismo agresivo que contribuya así a salvar el mundo (Michéa, 2006), ni tampoco es un joven excluido que reproduzca con su actitud violenta la relegación y la alienación social (Debarbieux, 2006: 152-153). Es simplemente un joven que tiene el coraje de interrogarse sobre su condición de adolescente de catorce años y de reconocer un indicio de bondad y de generosidad en los otros.

Así pues, el efecto Pigmalión –el poder inspirador del amor– tendría en *Monopatines* una derivación afectiva, sin connotaciones sexuales (como sí pasa, por ejemplo, en *La pianista*, de Jelinek), aunque con unos impulsos latentes hacia el amor, la confianza, la seducción y la traición, aspectos que integran el proceso de enseñanza y aprendizaje (Steiner, 2004: 128). La relación profesor-alumno, como puntal de toda acción pedagógica o educativa, debería permitir no solo la transmisión de conocimientos, sino también el establecimiento de conexiones afectivas, de confianza mutua, que posibilite proyectarlos en un bagaje humanístico y cívico, útil para conocerse a uno mismo y comprender críticamente el mundo que nos rodea.

Los escenarios de la violencia

¿Quién es, en definitiva, el responsable de la conducta violenta de David? ¿Los profesores? ¿Los padres? ¿Los amigos? ¿La sociedad en su conjunto? ¿El sistema ultraliberal? ¿No tiene David coartadas para justificar su actuación? ¿No ha interiorizado conductas agresivas, impunes en el ambiente familiar o en el grupo de amigos, para exteriorizar su cólera? ¿Hay que ir a buscar culpables e inocentes? Si evitamos simplismos monocausales, podemos hallar una explicación sobre el porqué de la violencia en una coincidencia de variables que afectan a la esfera educativa, pero también a la familiar o la de las relaciones amistosas o sociales.

David ha sido testigo de la agresión de su padre hacia su madre, se ha visto expuesto a la violencia doméstica y, por lo tanto, tiene muchas papeletas para presentar, como dicen los entendidos, una conducta agresiva y antisocial; para sufrir de ansiedad, depresión o síntomas traumáticos y para disponer de una competencia social menor. Más subliminalmente, sin embargo, también ha sido objeto de otros dos tipos de violencia institucionalizada: 1) el de la autoridad indiscriminada y epidérmica, regulado por regímenes disciplinarios que a veces aplican normativas sin tener en cuenta los matices personales y que pueden tener efectos contraproducentes, y 2) el de la pandilla de amigos, que excluye y margina del grupo, como hemos comentado, a cualquiera que exprese una disidencia. En todas estas formas de violencia, que tienen una dimensión social, entran en juego otros agentes implicados en el ámbito educativo y referidos en la obra: los amigos, los padres, el resto de los alumnos y profesores.

David reacciona de manera agresiva contra Sara porque la toma como chivo expiatorio para vencer la vergüenza, la culpa que siente por la experiencia que ha vivido con el grupo de amigos, pero también por una razón más profunda: la falta de armonía familiar y los conflictos entre sus padres que ha sufrido de cerca. David encuentra un ambiente hostil en casa y se siente culpable de la situación que se vive allí, por eso no sabe qué hacer y opta por huir. Con estos modelos convivenciales como referente, el comportamiento violento exterioriza también las dificultades que tiene para comunicarse afectivamente con Sara, y, al sentirse incomprendido, opta por actuar de forma agresiva, porque es el único lenguaje que ha aprendido de su entorno.

Con todo, la acción de *Monopatines* tiene lugar sobre todo en el instituto, pero no en las aulas como sucede en *El enemigo de la clase*, de Nigel Williams, sino en el despacho de Sara (escenas 1, 3, 5 y 9), que, como tutora del curso, recibe visitas, llama a los irascibles padres de los alumnos o atiende a los estudiantes con *problemas*. En este espacio, tanto Sara como David tienen dificultades para comunicarse porque sus papeles están demasiado marcados: Sara es la profesora, la tutora, mientras que *él* es el alumno, y entre ambos hay una barrera definida por la convención social y la autoridad institucional. Las aulas del instituto son un ámbito de socialización que, como toda institución académica, se fundamenta en la jerarquía y la autoridad. Son un sitio en el que los alumnos difícilmente pueden aprender a dialogar y a socializar con los compañeros, y en el que se acoge y se debería ofrecer afecto como base de la educación, ya que, en el fondo, como acaba descubriendo Sara, «educar es, sobre todo, un gran acto de cariño y esperanza» (Benejam, 2005: 117).

El encuentro en el parque (escenas 7 y 8), un espacio abierto en el que los dos están desprovistos de los roles que asumen en el instituto, un recinto cerrado al mundo exterior, les permite confesar sus sentimientos: los miedos de Sara respecto a su profesión o su vida afectiva y las contradicciones de David, quien, a pesar de la coraza que lleva, querría ser un alquimista auténtico que descubriera la fórmula de la felicidad, la suma de paz y justicia. Al final (escena 9), Sara también descubre que no se pueden aplicar medidas rígidas y uniformes para todos, y que la educación, como el amor, es un riesgo que hay que afrontar, mientras que David acaba por reconocer la confianza y la ayuda de Sara. La ganancia ha sido recíproca, y la experiencia, con el sobreprecio del dolor, enriquecedora: ha permitido convertir el instituto en un espacio urbano en el que los profesores y los alumnos pueden continuar creciendo «dedicados a una auténtica existencia social» (Sennett, 2011: 189).

El sobreprecio del dolor es el hecho de sufrir una dinámica de violencia que es también un reflejo de la sociedad en la que se produce. Ahora bien, *Monopatines* se hace eco de este tema con la prevención de considerar la violencia escolar –uno de los retos socioeducativos más difíciles de abordar– sin reduccionismos. No se puede ni exagerar de manera sensacionalista (por razones políticas, mediáticas o de otro tipo) ni subestimar o negar angélicamente la problemática generada alrededor de la violencia (Debardieux, 2006). Tampoco sirve de nada adoptar soluciones mecánicas peligrosísimas, como el sistema informático llamado Mosaic-2000, pensado para identificar a los chicos y las chicas –el mismo David– que presentan un riesgo de cometer actos violentos; ni tiene sentido alguno aplicar políticas represivas o autoritarias, ni criminalizar impunemente la pobreza para exagerar su magnitud y enmascarar así las realidades sociales que están en el origen de la violencia.

La violencia escolar, como demuestra *Monopatines*, puede ser también, además de física, de carácter *moral*, y depende de factores contextuales, sociopolíticos o pedagógicos, muchas veces derivados de exclusiones o de violencias simbólicas previas que han sufrido los que la ejercen. La violencia se convierte, pues, en un fenómeno poliédrico que es debido, naturalmente, a una causalidad compleja. Entre los factores de riesgo, que a menudo actúan de manera interrelacionada o acumulativa, como también vemos en *Monopatines*, están la exposición a la violencia, el autoritarismo o la represión en los ámbitos familiares o del entorno social más inmediato; también el fracaso escolar, el absentismo, la interrupción de la relación con el centro de estudios o un vínculo débil con este, así como la implicación iniciática en bandas de pequeños delincuentes, entre muchos otros (Debardieux, 2006: 156-164). A estos factores hay que añadir el espacio social en el que tiene lugar la violencia: el contexto del centro docente, el medio sociocultural, las políticas educativas, etcétera.

Bien mirado, en *Monopatines* hay también otros dos escenarios invisibles en los que la violencia puede ejercerse de manera directa o indirecta, más descarada o más subliminal. Uno es físico, la casa de Sara (escena 6) y la de David (escenas 2 y 4), el espacio privado en el que los personajes expresan, en un flujo de conciencia, sus pensamientos más íntimos y en el que se evidencia el discurso (en el caso de Sara) o la acción (en el de David) de la violencia paterna. Y el otro es figurado: el espacio frágil de las relaciones afectivas que abraza todas las escenas y que completa y redimensiona el vínculo entre ambos personajes. Los tres espacios mencionados, el del instituto, el de la privacidad y el de los afectos, se ven inmersos en las mutaciones y la licuación de los valores del estudio, la cultura del esfuerzo o el amor sólido que habían caracterizado la modernidad perdida. Los tres espacios pueden ser escenarios de la violencia o pueden recibir sus consecuencias. En cualquier caso, no están al margen de ella.

El valor de la inocencia

Monopatines (Skaters) se inspira en casos reales del ambiente que se vive en los institutos y parte de un conocimiento de primera mano, contrastado con las aportaciones de alumnos y las opiniones de profesores de secundaria. La afición a los monopatines que tiene David ha sido también documentada detalladamente a través de explicaciones de jóvenes que practican este deporte urbano y de la consulta de material gráfico sobre el tema. La intención de Molins es mostrar, de manera concreta y eficaz, a través de una relación profesora-alumno, las problemáticas que se viven en la enseñanza secundaria *más allá de* las manipulaciones, demagogias, simplificaciones o negaciones que suelen hacerse, y *más allá de la inopia de algunos responsables políticos o educativos que, escudándose interesadamente* en leyes de papel, intentan escabullirse de la necesidad de actuar.

Al fin, sin consuelo, pero con esperanza, *Monopatines* rompe una lanza a favor del valor de la inocencia. David expresa su gratitud por el hecho de que Sara haya confiado en él y —como el Holden Caulfield de *El guardián entre el centeno* en el extraordinario final melancólico del relato— acaba reconociendo que había sido «un adolescente imbécil» absolutamente alterado por todo lo que pasaba dentro de su corazón y lo que veía que sucedía a su alrededor (escena 9). En cambio, Sara pertenece al tipo de personajes que, como el príncipe Myshkin de *El idiota*, de Fiódor Dostoyevski, o el Abú de *Abú Magrib*, del mismo Molins, no pueden odiar a nadie a pesar de todo lo que han sufrido. La vivencia compartida de Sara y David ha puesto a prueba el sismograma de su inocencia y de su capacidad de empatía y permeabilidad.

Monopatines concentra el conflicto en un tú a tú de una teatralidad rotunda y, con una mirada escrutadora de la complejidad, refleja un mundo educativo, familiar y sentimental en estado permanente de licuación, de pérdida de solideces, de degradación afectiva, de liquidación de referentes, de valores y de sueños. Un mundo, el nuestro, en el que los vínculos sociales se disgregan y en el que las antiguas solidaridades se descomponen. Un mundo, el de hoy, en el que los seres racionales que lo habitan se pliegan al culto trepidante, al individualismo sin los otros y a las emociones sin sentimientos (Lacroix, 2005). Un mundo en el que, sea como sea, nos necesitamos los unos a los otros, en el que el sentido crítico y humanístico resiste y por el que todavía vale la pena luchar para que sea perdurable.

FRANCESC FOGUET I BOREU
Vilanova i la Geltrú, primavera de 2006

BIBLIOGRAFÍA

BAUMAN, ZYGMUNT (2005). *Amor líquido. Acerca de la fragilidad de los vínculos humanos.* Traducción de Mirta Rosenberg y Jorge Arrambide. México: Fondo de Cultura Económica. Sociología.

BENEJAM, PILAR (2005). «Una reflexió sobre educació i algunes experiències». En *Mirades al segle XXI.* Vic: Eumo/Universitat de Vic. Documents, 34.

CHOMSKY, NOAM (2005). *L'educació. La millor eina per formar persones lliures i amb criteri.* Editado por C. P. Otero. Traducción de Joan Solé. Barcelona: Columna. Idees, 19.

DEBARBIEUX, ÉRIC (2006). *Violence à l'école: un défi mondial?* París: Armand Colin. Sociétales.

LACROIX, MICHEL (2005). *El culte a l'emoció. Atrapats en un món d'emocions sense sentiments.* Prólogo de Salvador Cardús. Traducción de Ramon Folch i Camarasa. Barcelona: Edicions La Campana. Obertures, 17.

MICHÉA, JEAN-CLAUDE (2006). *L'enseignement de l'ignorance et ses conditions modernes.* París: Flammarion. Climats.

SALINGER, J. D. (1990). *El guardián entre el centeno.* Traducción de Carmen Criado. Madrid: Alianza Editorial. El libro de bolsillo.

SANSANO, BIEL (2002). «Introducció». En *Abú Magrib,* de Manuel Molins. Alzira: Bromera. Bromera Teatre, 27. Págs. 7-44.

SENNETT, RICHARD (2001). *Vida urbana e identidad personal. Los usos del orden*. Traducción de Josep Rovira. Barcelona: Península. Ediciones de Bolsillo, 67.

STEINER, GEORGE. (2004). *Lecciones de los maestros*. Traducción de María Condor. Madrid: Siruela. Biblioteca de Ensayo, 36.

Monopatines

A Marita Fillol y Pilar Moreno

«Los agresores también necesitan ayuda».

C. BLAYA
Seminario Internacional
Violencia y Escuela.
València, 6.10.05

PERSONAJES

Sara, una joven profesora de secundaria
David, un alumno adolescente

ESPACIOS

Escenas 1, 3, 5 y 9. Un despacho con teléfono, ordenador, etc., en donde Sara recibe visitas, llama por teléfono y lleva a cabo otras tareas propias de su condición de tutora de un curso.
Escena 2. Casa de David.
Escena 4. Espacios simultáneos.
Escena 6. Casa de Sara.
Escenas 7 y 8. Un parque.

TIEMPO

Época actual.

1
SARA Y DAVID

(El despacho en el que SARA lleva a cabo algunas de sus tareas y obligaciones de tutoría. Mientras ella habla por teléfono con una madre, entra DAVID. Es un adolescente que va vestido a la manera característica de los jóvenes de su edad y condición social. Él la observa en silencio).

SARA. *(Hablando por teléfono)*. ... ¿Es usted?... Sí, la madre de Laura Poch... ¿Es usted?... Yo soy la profesora, Sara, tutora de Laura... Me gustaría... Me gustaría hablar personalmente con usted... No; sería mejor concertar una entrevista y hablar con tranquilidad... No, no es grave... Bueno, sí; eso es un criterio relativo... Últimamente, Laura se comporta de un modo extraño... ¿A qué me refiero? A que no se comporta como es habitual en ella... Sí, claro; todos cambiamos... Pero su rendimiento ha caído en picado y... ¿Nosotros?... Perdone, nosotros hacemos todo lo que podemos... Por eso la llamo, para informarla y para que acordemos unos criterios de actuación conjunta... A todos nos importa la educación y la buena marcha de los alumnos... Si no fuera así, no la llamaría... Ya le he dicho... En efecto, forma parte de mis obligaciones, pero también de las suyas... Perdone, mi sueldo no es tan grande como para tener que soportar ciertas impertinencias... ¿Que a qué me refiero?... Mire, la llamo para concertar una entrevista y que hablemos de la situación actual de su hija, pero si usted no quiere... ¿Dónde?... No; mi obligación no está fuera del centro escolar... Bueno, espero su llamada; pero no la retrase... Cuanto más lo pospongamos, peor... Sí, ya le he dicho que su rendimiento ha bajado mucho... Lo suspende todo y falta a clase... Le mandé la notificación de faltas... Su hija es suya y usted es quien tiene la máxima responsabilidad... Perdone, tengo mucho trabajo... Solo espero que me llame y que concertemos la entrevista cuanto antes... Que tenga un buen día... Así lo espero... Sí, Sara, su tutora...

(Cuelga el aparato y se queda pensando, desconcertada. La discusión telefónica la ha puesto un poco nerviosa y no le ha permitido percatarse de la entrada de DAVID. De repente, lo ve y se sobresalta).

SARA. ¿Qué? ¿Cómo has entrado?
DAVID. Por la puerta.
SARA. ¿Por qué no has llamado antes de entrar?

DAVID. Lo he hecho, pero como estabas discutiendo con una madre...

SARA. Yo no he discutido con nadie.

DAVID. ¿No?

SARA. No.

DAVID. Era la madre de Laura.

SARA. Pero no estábamos discutiendo.

DAVID. Ah, ¿no?

SARA. Solo hablábamos.

DAVID. Ah, sí; ahora a discutir lo llaman hablar.

SARA. ¿Qué quieres decir?

DAVID. Nada.

SARA. ¿Por qué has dicho eso?

DAVID. Por nada.

SARA. ¿Por qué no has esperado fuera? *(Silencio. Cambio).* Está bien, ¿qué pasa? *(Silencio).* ¿Quieres algo? *(Silencio).* ¿Qué te ocurre? Si no hablas, no podemos ni hablar ni discutir. *(Pausa).* ¿Por qué has venido?

DAVID. Porque me han dicho que viniera.

SARA. ¿Quién?

DAVID. La profesora...

SARA. ¿Qué le pasa? ¿Qué profesora?

DAVID. Me ha dicho que venga a verte.

SARA. ¿A mí?

DAVID. Sí.

SARA. ¿Por qué?

DAVID. No lo sé.

Sara. ¿No lo sabes?

David. No.

Sara. ¿Has hecho algo?

David. No.

Sara. ¿No has hecho nada?

David. No.

Sara. ¿Y por qué te manda conmigo? Ah, sí, perdona; no lo sabes. Siéntate. ¿Quieres sentarte?

David. No.

Sara. ¿Y por qué te manda conmigo y no con el jefe de estudios?

David. No lo sé.

Sara. Si has tenido un problema de disciplina, deberías presentarte ante el jefe de estudios.

David. Yo no he tenido ningún problema.

Sara. ¿Y ella?

David. Pregúntaselo.

Sara. Bueno, pues lo haré.

David. ¿Me puedo ir?

Sara. ¿Qué?

David. Que si puedo irme ya.

Sara. No, todavía no.

David. ¿Por qué no?

Sara. Porque no entiendo nada.

David. Ni yo.

Sara. Has hecho algo...

David. Yo no he hecho nada.

Sara. ... y la profesora te ha dicho que vengas conmigo...

DAVID. Eso es...

SARA. ... en vez de mandarte con el jefe de estudios.

DAVID. Sí.

SARA. Tendré que saber qué has hecho si quieres que te ayude.

DAVID. ¿Ayudarme?

SARA. Ayudarte. Soy tu tutora, pero no te podré ayudar si no me dices qué ha pasado.

DAVID. Yo no necesito ayuda.

SARA. ¿Qué?

DAVID. Que no necesito la ayuda de nadie.

SARA. Ah, ¿no?

DAVID. Todo esto es un mal rollo.

SARA. ¿Qué mal rollo?

DAVID. Ya te he dicho que no ha pasado nada. Solo...

SARA. ¿Sí?

DAVID. Solo estaba dibujando.

SARA. ¿Estabas dibujando? ¿Y por dibujar...? *(Consulta un horario).* Ahora no tienes clase de dibujo, sino de sociales. ¿Por qué estabas dibujando? *(Silencio).* ¿Qué dibujabas? *(Fingiendo ingenuidad).* ¿Un mapa? ¿Estabas dibujando un mapa?

(Otra pausa. Por fin, DAVID saca un papel del bolsillo y se lo entrega).

SARA. ¿Qué es eso?

DAVID. El dibujo.

Sara. *(Despliega el papel y lo observa)*. ¿Esto es un dibujo?

David. Una broma.

Sara. ¿Una broma?

David. Solo es una broma.

Sara. ¿Y qué significa?

David. No significa nada.

Sara. ¿No?

David. Es una broma.

Sara. ¿Qué broma?

David. Una broma solo es una broma.

Sara. Hay muchos tipos de bromas. ¿Qué significa?

David. ¿Es que no lo ves? Un monopatín; no es más que un monopatín.

Sara. ¿Y esto? *(Silencio)*. Un monopatín que explota sobre... Parece un misil contra una ciudad...

David. *(No puede contener la risa)*. ¿Contra una ciudad?

Sara. ¿No es eso?

David. Ni es un misil ni una ciudad...

Sara. *(Leyendo)*. «Te voy a meter el monopatín por el culo»... Ah, ya lo entiendo. *(David se ríe)*. O sea que el dibujo es un monopatín contra el culo de alguien... *(Sigue leyendo)*. «Sabemos dónde vives y le podemos decir a tu madre que eres un marica. Ten cuidado»... Ya lo entiendo.

David. No es tan difícil.

Sara. Ahora entiendo por qué la profesora te ha enviado conmigo y no con el jefe de estudios.

David. Ah, ¿sí?

SARA. Esto no es solo un problema de disciplina.

DAVID. Es una broma; solo es una broma, y vosotros lo complicáis todo.

SARA. Es una amenaza.

DAVID. ¿Una amenaza?

SARA. Amenazas a un compañero con agredirle con el monopatín y... ¿Por qué?

DAVID. ¿Por qué?

SARA. Sí; por qué.

DAVID. Por nada.

SARA. No podemos tolerar la violencia y la coacción. Nunca. Ni en broma.

DAVID. Eso no es violencia ni coacción.

SARA. ¿Y qué es?

DAVID. Una broma, ya te lo he dicho, solo es una broma.

SARA. Tendré que hablar con tus padres.

DAVID. Habla con quien quieras.

SARA. ¿Tienes un monopatín?

DAVID. Sí. Nos juntamos un grupo de amigos para recorrer la ciudad. Hacemos carreras y competiciones de saltos, figuras y giros. Somos los mejores *skaters* de todos.

SARA. Les contaré el asunto.

DAVID. Cuéntales lo que quieras, pero no me harán nada.

SARA. ¿No?

DAVID. Mis padres no me harán nada porque yo no he hecho nada.

Sara. Una doble amenaza...

David. ¿Doble amenaza?...

Sara. ... y coacción.

David. ¿Coacción también?

Sara. Amenazas con agredir a un compañero y con decirle a su madre que...

David. ¿Qué?

Sara. Una mentira.

David. ¿Mentira?

Sara. Eso es indigno.

David. Estás exagerando; vosotros siempre lo exageráis todo.

Sara. ¿Por qué le has pasado esta nota?

David. Por cosas.

Sara. ¿Qué cosas?

David. Cosas nuestras.

Sara. ¿Quién es el compañero? *(Silencio)*. ¿Contra quién iba?

David. Contra un idiota.

Sara. *(Consultando un cuaderno de notas)*. Últimamente...

David. Corta el rollo.

Sara. ¿Qué?

David. Que vale ya de rollos.

Sara. ¿Qué rollos?

David. Ahora me dirás que mi rendimiento ha bajado y que ya no me porto bien en clase y que me han quedado seis...

SARA. Sí, exactamente.

DAVID. Ya lo sé.

SARA. ¿Ya lo sabes?

DAVID. Todo eso ya lo sé.

SARA. ¿Y qué?

DAVID. Nada.

SARA. ¿Y tus padres?

DAVID. Ya saben que he suspendido.

SARA. ¿Y lo otro?

DAVID. ¿Qué más tienen que saber?

SARA. Tu comportamiento.

DAVID. Yo no hago nada en clase ni me peleo con nadie en el recreo.

SARA. ¿Qué quieres decir?

DAVID. Que mi vida es mía y no le importa a nadie.

SARA. A ellos les importa.

DAVID. ¿A quién?

SARA. A tus padres.

DAVID. Ellos también tienen sus problemas.

SARA. ¿Qué problemas?

DAVID. No lo sé, problemas...

SARA. Y a mí; a mí también me importa. Soy tu tutora y tengo la responsabilidad de saber qué pasa, por qué has cambiado de actitud, por qué gastas este tipo de *bromas*...

DAVID. No está prohibido gastar bromas.

SARA. Esta no es una broma normal.

DAVID. ¿Tú nunca has gastado una broma?

SARA. No; nunca.

DAVID. Mentira.

SARA. ¿Mentira?

DAVID. No me lo creo.

SARA. Nunca he gastado una broma de este tipo.

DAVID. Pero habrás gastado bromas de otro tipo.

SARA. Nunca he amenazado a nadie.

DAVID. Porque eres una mujer.

SARA. ¿Qué quieres decir?

DAVID. Que las mujeres lo hacéis todo de otra manera. Incluso amenazar.

SARA. Odio la violencia.

DAVID. Hay muchos tipos de violencia.

SARA. ¿Como cuáles?

DAVID. Por ejemplo, esta.

SARA. ¿Esta?

DAVID. Sí, expulsarme de clase y someterme a un interrogatorio por una broma de nada también es una forma de violencia.

SARA. Te crees muy listo.

DAVID. Sé defenderme.

SARA. Eso es lo que tú crees. Pero aquí no es necesario defenderse de nada ni de nadie. Yo no te ataco; la profesora de sociales no te ataca; solo queremos ayudarte...

DAVID. ¿Puedo irme?

SARA. ... ayudarte y mantener el orden, la disciplina, el respeto y la buena convivencia.

DAVID. ¿Puedo irme ya?

(Pausa).

SARA. ¿Qué quieres hacer en la vida?

DAVID. ¿Qué?

SARA. ¿Qué quieres ser?

DAVID. ¿De qué?

SARA. En unos años, ¿qué quieres estudiar? ¿A qué te quieres dedicar?

DAVID. No lo sé.

SARA. ¿No hay nada que te gustaría ser cuando seas mayor?

DAVID. No quiero ser mayor.

SARA. ¿Quieres tener catorce años siempre?

DAVID. No; pero no quiero ser mayor.

SARA. ¿Por qué no?

DAVID. Porque no me gustan los mayores. No los entiendo, y ellos a mí tampoco.

SARA. ¿Y no te has preguntado nunca cómo podrías llegar a entenderlos?

DAVID. No.

SARA. ¿Y cómo podemos entenderte nosotros? ¿Tampoco te interesa?

DAVID. No.

SARA. Debemos esforzarnos. Si queremos entendernos, debemos esforzarnos.

DAVID. Yo ya me entiendo con mis amigos.

SARA. Pero hay mucha más gente en el mundo además de tus amigos.

DAVID. Ya lo sé.

SARA. ¿Y qué?

DAVID. ¿Qué?

SARA. ¿No crees que vale la pena conocer a más gente además de a tus amigos?

DAVID. No lo sé... Después.

SARA. ¿Después? ¿Después de qué?

DAVID. De momento, no creo que valga la pena; después, no lo sé. Ya veremos.

SARA. ¿Qué quieres decir?

DAVID. Preguntas demasiado.

SARA. ¿Qué?

DAVID. Que haces demasiadas preguntas.

SARA. ¿Y no te gusta?

DAVID. No.

SARA. Es mi obligación.

DAVID. ¿Puedo irme?

SARA. *(Rellena una nota y se la da)*. Diles a tus padres que vengan a verme. Tenemos que hablar.

DAVID. ¿Por qué no los llamas tú?

SARA. Lo haré, pero tú dales esta nota.

DAVID. ¿Qué es?

SARA. Una citación. Les pido que se pongan en contacto conmigo.

DAVID. ¿Nada más?

SARA. Por el momento, nada más. Ahora ya te puedes ir.

DAVID. ¿También discutirás con mis padres?

SARA. Yo no he discutido con nadie.

DAVID. El dibujo...

SARA. ¿Qué dibujo?

DAVID. Devuélveme el dibujo.

SARA. No; se lo tengo que enseñar a tus padres.

DAVID. Ellos saben que puedo dibujar mejor.

SARA. ¿Qué?

DAVID. Que este dibujo es una mierda; puedo hacerlo mucho mejor.

SARA. Sí, claro; y así lo espero. No es que esto sea una obra de arte precisamente.

(DAVID sale con una sonrisa entre inquieta y cínica. SARA coge su móvil y marca un número privado. Espera).

SARA. ¿Qué te pasa? ¿Por qué no contestas al teléfono? ¿Qué ocurre? Necesito verte y hablar contigo. No entiendo este silencio ni... Llámame.

2
DAVID

*(DAVID monologa mientras hace varias figuras
y saltos con el monopatín sobre una rampa de
medio tubo –half-pipe–, intentando cada vez
movimientos más arriesgados).*

DAVID. ¡Zorra! ¡Zorra! ¡Es una zorra y una puta como
todas! No te puedes fiar de ninguna. Yo pensaba
que ella era diferente, pero no; tienen razón... Sí,
toda la razón... La tutora es una tía como todas;
otra profe mamona y nada más... Sonríe y parece
buena, pero no es más que otra hija de puta. Como
la de sociales, que me montó el numerito del dibujo. Zorras... *(Imitando a SARA).* «¿Qué quieres
hacer en la vida cuando seas mayor?»... Irme de
casa; largarme lejos de todo y de todos, eso es lo
que quiero... No quiero ser un viejo como ellos,
eso es lo que quiero... No quiero ser un viejo como
ellos... Amargados, resentidos... No son más que
unos desgraciados que se creen con derecho a todo
porque son padres o maestros o profesores... *(Ala-
bando uno de sus saltos).* ¡De puta madre! Ahora

sí que me ha salido bien... Se morirán de envidia cuando me vean hacerlo tan bien... *(Repite el salto).* ¡Eso es! ¡Perfecto! Ahora tengo que intentar el mío... Tengo que ensayar mi salto..., mi marca personal..., *el David's twister...* Todos van a querer hacerlo, todos... Será cojonudo cuando vaya y les diga «Mirad: el *David's twister...*». *(Intenta su salto: coge impulso y se lanza sobre la rampa; sale disparado por el aire, realiza un tirabuzón con todo el cuerpo y pierde el equilibrio al caer sobre el suelo).* No; todavía no... Todavía no está bien... Tiene que ser perfecto..., sin ningún error... Lo peor es la caída...; no la controlo bien y el cuerpo se me va al aterrizar... y en el aire... En el aire el cuerpo también se me desplaza demasiado hacia delante; no hay equilibrio ni armonía... Otra vez... Sí; una más... *(Lo vuelve a intentar y le sale peor).* ¡Vaya mierda! ¡Qué cagada!... Estoy demasiado nervioso... No me concentro... Y cómo me voy a concentrar si... ¡Putas! ¡Putas! ¡Son todas unas putas!... No me interesa ser adulto, ni abogado, ni médico, ni nada de nada... ¡Mierda! Todo eso no es más que una mierda... Quiero ser campeón... Seré campeón, ganaré pasta y seré famoso... Más famoso y conocido que ellas... A la tutora no la conoce nadie... Ni su madre... ¿De qué le ha servido estudiar y convertirse en profesora?... No, eso no sirve para nada... Discutir con los padres, discutir con los alumnos... Siempre discutiendo...

No me va ese rollo... En cambio, el monopatín... Esto es diferente... Libertad, correr, volar... Esto es vida... Esto sí que es vida... *(Intenta su* David's twister *por tercera vez).* ¡Mejor! ¡Mucho mejor! Ahora ha salido mucho mejor..., pero no perfecto... Todavía no es perfecto... Continuaré practicando y, cuando se lo enseñe... Hostia, dirán: ¿Cómo lo haces, tío? Claro que, de entrada, algunos pensarán que esto es fácil. ¿Fácil?... Tirabuzón en el aire, impulso y caída perfectos... No lo podrán superar... No; no lo superarán... Y la tutora... ¿Qué diría la puta de la tutora de mi salto?... «¿Qué quieres hacer en la vida cuando seas mayor?»... Yo no quiero ser mayor; nunca seré adulto... Que les den por culo... A todos... Sí, a todos... *(Haciendo un corte de mangas).* Que os den por culo...

3
SARA Y DAVID

(Ha pasado un tiempo. SARA habla con DAVID después de haberse entrevistado con su madre. En esta ocasión, DAVID lleva su monopatín).

SARA. No lo sabía.

DAVID. ¿El qué?

SARA. Dicen que, en efecto, eres un gran *skater*. *(Pausa).* No sabía que eras tan bueno con el monopatín.

DAVID. Ya te lo había dicho, pero tú no te lo creías. Y todavía hay más cosas que no sabes.

SARA. Es normal.

DAVID. ¿Normal?

SARA. Claro; nosotros nos conocemos como profesora y alumno. Nada más. Pero todos tenemos una vida propia fuera de las clases. Por eso es normal que yo no sepa muchas cosas de ti.

DAVID. Ni yo de ti.

SARA. Exacto. Pero tu madre...

DAVID. Mi madre habla demasiado...

SARA. ¿Demasiado?

DAVID. Seguro que te ha contado...

SARA. Me ha dicho que eres muy bueno con el mono-
      patín. Que entrenas cada día y que ensayas unos
      saltos muy difíciles y espectaculares.

DAVID. ¿Y el elixir?

SARA. ¿Qué elixir?

DAVID. ¿No te ha hablado del elixir?

SARA. No.

DAVID. No me lo creo.

SARA. ¿Por qué no?

DAVID. Siempre cuenta lo del elixir.

SARA. ¿Y qué es?

DAVID. ¿El qué?

SARA. El elixir.

DAVID. ¿No sabes lo que es un elixir de amor?

SARA. Sí, yo sí; pero no sé qué tiene que ver contigo.

DAVID. ¿Y qué es?

SARA. ¿El qué?

DAVID. Un elixir de amor. ¿Sabes qué es?

SARA. Un elixir es un licor, una especie de medicina o
      remedio que se obtenía de varias plantas para curar
      muchas enfermedades. Y un elixir de amor cura las
      dolencias del corazón.

DAVID. O sea, que, según tú, es como una pastilla
      contra el infarto.

SARA. *(Riéndose).* No, de ninguna manera. Un elixir
      de amor no cura ese tipo de enfermedades, sino los
      problemas del amor y el desamor. Muchas historias
      tratan de eso.

DAVID. Por ejemplo.

SARA. Incluso hay una ópera.

DAVID. La conozco.

SARA. ¿Conoces esa ópera?

DAVID. *El elixir de amor* es la ópera preferida de mi madre.

SARA. ¿Y a ti te gusta?

DAVID. Ahora ya no tanto, pero antes... Pse... No está mal.

SARA. Pues en esa ópera tienes una historia sobre las virtudes y propiedades del elixir de amor. Nemorino ama a Adina, pero ella disimula y le hace creer que prefiere al militar Belcore. Aparece el médico Dulcamara vendiendo un filtro contra el desamor. Nemorino lo compra y al final todo se resuelve: Nemorino y Adina se casan y son felices gracias al elixir de amor.

DAVID. El filtro del médico Dulcamara es falso, una estafa.

SARA. Pero Nemorino y Adina no lo saben y los efectos son los mismos. El amor puede hacer milagros.

DAVID. Yo busco un elixir de verdad.

SARA. ¿De verdad?

DAVID. Un elixir auténtico que resuelva los problemas del amor entre las personas.

SARA. Es sorprendente.

DAVID. ¿El qué?

SARA. Que eso te preocupe.

DAVID. ¿Por qué? ¿Porque soy demasiado joven o porque soy demasiado bruto?

SARA. No, no; pero…, no lo sé…, no me lo imaginaba.

DAVID. Me gustan mucho las historias de magia y de magos. Y el elixir de amor es un filtro mágico para que la gente encuentre la felicidad y viva mejor. Hay filtros hechos con las hierbas más secretas del bosque, frutas y raíces que solo los alquimistas o los duendes conocen. En esos filtros se guarda el espíritu y la esencia misma del paisaje, el corazón de la naturaleza y del amor. Por eso tienen efectos tan buenos sobre las personas.

SARA. ¿Y no hay filtros para estudiar?

DAVID. No me interesan. Ahora estoy probando una receta con albahaca. La albahaca huele muy bien y sus flores blancas o rosadas me gustan mucho. También existen el elixir de la amistad y el de la larga vida. Los hay de muchas clases. Algún día te haré uno.

SARA. ¿A mí?

DAVID. ¿No te lo crees?

SARA. Sí, sí; claro que sí. A mí también me gustan mucho las historias mágicas.

DAVID. Pero no se lo tienes que decir a nadie. Mis amigos creen que todo eso son rollos pasados de moda. Ellos solo piensan en el monopatín y…

SARA. ¿Y?

DAVID. En nada más. En el monopatín y basta.

SARA. Podríais crear una sociedad de alquimistas modernos.

DAVID. ¿Alquimistas modernos?

SARA. ¿Por qué no?

DAVID. ¿Tú te apuntarías?

SARA. Yo no sé química.

DAVID. Pero puedes aprender.

SARA. Sí, claro; me lo pensaré.

DAVID. Podríamos elaborar un filtro contra los padres que te maltratan por teléfono.

SARA. A mí no me maltrata nadie.

DAVID. ¿No?

SARA. No; son discusiones normales. Los padres, a veces, no conocen a sus hijos. Los quieren, pero no los conocen. Confían en ellos y se lo perdonan todo, pero... En fin, lo que necesitamos es un filtro para que el amor no nos haga perder la razón.

DAVID. ¿Por qué no? Siempre habláis de la razón, la razón, yo tengo razón, tú tienes razón... Todos queréis tener razón, y al final...

SARA. ¿Qué?

DAVID. Lo que necesitamos es un gran elixir de amor que nos haga a todos entrar en la razón del amor verdadero.

SARA. Pareces un brujo.

DAVID. ¿Lo parezco? ¿Solo lo parezco?

SARA. Sí.

DAVID. Te equivocas; siempre te equivocas conmigo.
No lo parezco: lo soy. Soy un auténtico brujo.

4
SARA Y DAVID

(Esta escena transcurre en paralelo. En un lado, Sara habla por teléfono desde el despacho. En el otro, David, desde casa, intenta hablar con ella, pero siempre comunica y se desespera).

SARA. ... ¿Laura Poch?... Su tutora, la profesora Sara... ¿Usted es el padre?... Laura no ha venido a clase... ¿No? ¿Y en casa tampoco?... Pues no, todavía no ha aparecido por clase... ¿Cómo?... Puede que venga más tarde, pero ya ha perdido más de una hora... Sí; varias veces... Les he llamado varias veces para concertar una cita, pero... Me lo imagino... Todos estamos muy ocupados...

DAVID. *(Cuelga el teléfono).* ¡Vaya mierda! Siempre está comunicando.

SARA. *(Continúa la conversación).* Lo entiendo... Sí, lo comprendo, pero... Hay cosas más importantes que otras... No, no, en absoluto; no pretendo darle ninguna lección sobre cómo educar a su hija... Sí, claro; lo supongo... Supongo que confía en ella... Es normal, hay que confiar siempre, pero... No, no;

solo quiero que hablemos de ello... Ya les he repetido en varias ocasiones que Laura falta mucho a clase últimamente y que suspende... Sí, suspende...

DAVID. *(Marcando otra vez el número de SARA).* Comunica, siempre comunica... Pero ¿con quién hablas? ¿Por qué hablas tanto? Todas las mujeres son iguales, hablan y hablan y hablan...

SARA. *(Igual).* Está bien, de acuerdo; usted mismo... No les llamaré más... Entendido... Es su hija y ustedes saben lo que quieren y lo que hacen... Comunicaré las faltas a la dirección y que ellos... No, no; no estoy ofendida... Pero no quiero ni puedo cargar con una responsabilidad que no me corresponde... Le entiendo, pero supongo que usted también me comprende a mí... Es lo mejor para los dos... Vengan cuando quieran... o cuando puedan... De acuerdo... Que tenga un buen día...

(SARA cuelga el teléfono y, sin solución de continuidad, marca otro número. Comunica. Espera. DAVID vuelve a llamar al número de SARA. Comunica. De repente, suena su móvil. Mira el número y reconoce que es el de su madre).

DAVID. *(Contestando al móvil).* Dime... Sí, ya sé que eres tú, mamá... ¿Qué quieres?... Estoy bien; sí, bien... Ya te he dicho que estoy bien... No; no he ido a clase... Sí, eso; no tenía ganas de ir y no he ido... ¿Y qué? Que me suspendan si quieren... Ya sé que tenía un examen de historia. ¿Y qué?... No tenía ganas de estudiar y no he estudiado... Sí, así de sencillo... La de sociales me tiene manía, ya lo sabes... ¿Y qué? Yo no le tengo miedo... Puedes decírselo a papá, me la suda... Sí, me la suda... Hablo como quiero... Ya te he dicho que no le tengo miedo... ¿Y qué me hará? ¿Qué me hará, eh?... Que me pegue si quiere... Sé defenderme, yo no soy una chica... ¿Que qué quiero decir?... No lo sé; lo que he dicho... Ya sé que soy menor, ¿y qué?... No soy como tú ni un marica... Basta, mamá; estoy esperando una llamada... No es asunto tuyo; una llamada y ya...

(SARA continúa marcando el número y esperando que le contesten).

SARA. ¿Qué pasa? ¿Por qué no respondes al teléfono? Tengo que hablar contigo... Necesito hablar contigo... ¿Es que ya te has cansado? ¿Por qué no me dices nada?... Acabaré loca..., loca..., entre estos padres y tú...

DAVID. *(Continúa la conversación por el móvil).* No; no pienso ir a clase... ¿Que por qué no? Porque no... Y no te preocupes por mí... No; preocúpate más por ti... Si no duermo es porque no tengo sueño... Mamá, basta; ya es suficiente, ¿vale?... ¿Vas a llorar otra vez? Todo lo arreglas llorando... No haberte casado y no haberme tenido... Yo no pedí ser vuestro hijo... Basta, por favor. Si sigues llorando, cuelgo... No llores...

SARA. *(Insistiendo todavía en su llamada).* ¿Te has cansado? Sí, ya veo... ¿Por qué no das la cara?... ¡Qué día!... Pero quiero saberlo... No pararé hasta que me lo digas cara a cara y mirándome a los ojos...

DAVID. *(Hablando todavía con su madre).* Vale; ya lo hablaremos... No; no te preocupes... Y yo también; sí, yo también te quiero... De verdad... No llores más, ¿vale? Si no, acabaré por odiarte... Si lloras, dejaré de quererte... Bueno... Sí... Hasta luego... No; no comeré en casa... No lo sé... Daré una vuelta con el monopatín y ya comeré algo... No; no tengo ganas de buscar nada por internet, ni el elixir del amor ni nada... Vale... Hasta la tarde... Qué plasta... No seas coñazo, mamá... Vale, sí; te quiero... ¿Más alto? Pero mamá... *(Con un poco más de voz).* Te quiero... *(Corta la comunicación).* ¡Vaya mierda!

(SARA ha colgado el teléfono. Pausa. DAVID marca el número de SARA. Suena el teléfono del despacho de la mujer, que, por fin, está libre y descuelga).

SARA. ¿Sí?
DAVID. Hola...
SARA. Hola. *(Pausa).* ¿Quién es?

DAVID. *(Fingiendo la voz)*. Soy el padre de David.

SARA. ¿David? ¿Qué David?

DAVID. David Selva.

SARA. *(Incrédula)*. ¿El padre de David Selva?

DAVID. Sí; el padre de David.

SARA. ¿Seguro?

DAVID. ¿Qué?

SARA. Perdone, pero me parece que tiene una voz muy joven para ser el padre...

DAVID. *(Violento)*. ¿Y eso qué más da? La voz no tiene ninguna importancia; usted parece muy vieja.

SARA. ¿Sí?

DAVID. Sí.

SARA. Si usted lo dice...

DAVID. Lo digo y digo que soy el padre de David Selva.

SARA. Está bien, de acuerdo. ¿Y qué quería?

DAVID. Siempre tiene el teléfono ocupado.

SARA. ¿Qué?

DAVID. Hace más de media hora que intento comunicarme con usted.

SARA. Es que hoy se me ha acumulado mucho trabajo. *(Silencio)*. ¿Sí?... ¿Sigue al teléfono?

DAVID. Sí, sigo aquí.

SARA. Si quiere hablar conmigo, estoy a su disposición. Puede venir a verme cuando quiera. Me encantará hablar con usted. Seguro que sacaremos mucho provecho de la entrevista.

DAVID. No quiero ninguna entrevista.

SARA. Y entonces, ¿qué quiere?

DAVID. Decirle que David no irá a clase.

SARA. ¿Qué le pasa? ¿Está enfermo?

DAVID. Sí, eso; está enfermo.

SARA. ¿Es grave?

DAVID. No; nada grave. Está un poco resfriado y le duele la cabeza.

SARA. ¿Tiene fiebre?

DAVID. ¿Fiebre? *(Desconcertado)*. No; no mucha... Bueno, sí; treinta y ocho...

SARA. ¿Treinta y ocho grados?

DAVID. La llamo para avisarla.

SARA. ¿Y por qué a mí?

DAVID. ¿Y por qué no?

SARA. ¿No sería mejor llamar al jefe de estudios?

DAVID. Usted es su tutora.

SARA. Sí, eso sí.

DAVID. Y David...

SARA. ¿Sí?

DAVID. Parece que David confía en usted...

SARA. Ah, ¿sí?

DAVID. Sí; al parecer, usted no es como las otras...

SARA. Gracias por la consideración.

DAVID. Déselas a él.

SARA. Lo haré. Pero todos los profesores son unos buenos profesionales.

DAVID. David no opina lo mismo.

SARA. Porque todavía no es adulto. Cuando crezca, cambiará de opinión. *(Pausa).* ¿Algo más?

DAVID. Nada más; ahora ya sabe que David no irá y por qué.

SARA. No; eso no lo sé.

DAVID. ¿No? Tiene fiebre.

SARA. Ah, sí, perdone; treinta y ocho...

DAVID. Tenía un examen de sociales. ¿Se lo dirá a la profesora?

SARA. Lo haré encantada.

DAVID. Gracias.

SARA. ¿Y por qué no viene a verme usted?

DAVID. Tengo mucho trabajo.

SARA. ¿No dispone ni de media hora libre para hablar sobre su hijo?

DAVID. Habló con mi madre..., con mi mujer, quiero decir, ¿no?

SARA. Sí, es cierto.

DAVID. ¿Y no es suficiente?

SARA. ¿Usted cree que es suficiente?

DAVID. Sí.

SARA. Está bien, pues; si no desea nada más...

DAVID. No; nada más. Y no se olvide de decírselo a la de sociales.

SARA. No me olvidaré.

DAVID. *(Cortando la comunicación).* Buenos días.

SARA. Buenos días. *(Cuelga el teléfono y sonríe con una cierta tristeza).* Treinta y ocho grados... ¿Por qué todos los hombres son iguales, tengan catorce o treinta y tres años? ¿Por qué les cuesta tanto afrontar las situaciones cara a cara?...

5
DAVID Y SARA

(En el despacho. SARA ordena papeles y recorta artículos y noticias de prensa. DAVID vuelve a visitar a la tutora con su inseparable monopatín).

SARA. ¿Has leído la noticia?

DAVID. ¿Qué noticia?

SARA. La Policía busca a una especie de banda juvenil que se dedica a incendiar coches durante el fin de semana. Al parecer, lo hacen por diversión. ¿Qué opinas?

DAVID. ¿Qué?

SARA. ¿Te parece divertido quemar los coches de los otros? *(Pausa)*. Recortaré la noticia y la comentaremos en la hora de tutoría. *(Cambio)*. ¿Ya estás bien?

DAVID. Mejor.

SARA. ¿Qué te pasaba?

DAVID. Me dolía la cabeza.

SARA. Y tenías treinta y ocho de fiebre, ¿no?

DAVID. Sí, treinta y ocho. ¿Y tú?

SARA. No, yo no tengo fiebre. De momento, todavía no he pillado ningún resfriado.

DAVID. Pero tampoco estás bien.

SARA. ¿No?

DAVID. No. Tienes algún problema.

SARA. ¿Yo?

DAVID. Tú.

SARA. No, ningún problema.

DAVID. Yo creo que sí.

SARA. ¿Sí?

DAVID. Sí.

SARA. ¿Por qué? ¿Es que lo has visto en alguna sección de magia?

DAVID. No.

SARA. ¿Y por qué crees que tengo algún problema?

DAVID. Porque pones la misma cara que mi madre.

SARA. ¿Y qué cara pone tu madre?

DAVID. La misma que tú.

SARA. ¿Qué problema tiene tu madre?

DAVID. ¿Quieres saberlo?

SARA. Si me lo quieres contar...

DAVID. Te lo contaré si me dices qué te pasa a ti.

SARA. No, yo soy la profesora, y no...

DAVID. ¿No qué?

SARA. Que una profesora no es como una chica de tu edad.

DAVID. Tienes miedo.

SARA. ¿Miedo?

DAVID. Miedo de hablar conmigo.

SARA. No, no tengo miedo en absoluto.

DAVID. ¿O es que crees que soy demasiado pequeño para entenderte? Sí, eso es; no crees que yo pueda comprender nada de lo que te pasa. Tú eres la tutora y yo un alumno problemático; tú una adulta y yo un adolescente. No puedo entender nada de lo que pasa, nada de lo que os pueda pasar a vosotros, porque ya sois personas mayores y responsables... ¿Por qué siempre os sentís superiores y creéis que los alumnos no podemos entenderos?

SARA. No, no es eso.

DAVID. Ah, ¿no? Entonces, ¿qué? *(Pausa)*. Está bien; si no quieres que hablemos, me voy.

SARA. No, espera.

DAVID. ¿Vas a hablar?

SARA. No quiero que te vayas así...

DAVID. ¿Así cómo?

SARA. Quiero que hablemos y que confíes en mí, pero...

DAVID. ¿Qué te pasa? *(Silencio)*. ¿Quieres que hablemos o no?

SARA. ¿Y tú?

DAVID. ¿Por qué retuerces la pregunta? Si no vamos a hablar, me largo...

SARA. *(Tras una pausa)*. Está bien, pero... Son cosas de mujeres...

DAVID. ¿Cosas de mujeres? ¿Tienes problemas con la regla?

SARA. ¿Qué? ¿Con la regla? No; no tengo ningún problema. Físicamente estoy perfecta. No, no es eso.

DAVID. ¿Es él?

SARA. ¿Quién?

DAVID. Tu marido.

SARA. No estoy casada.

DAVID. Pero tienes un hombre, una pareja...

SARA. Bueno, sí.

DAVID. ¿Te pega?

SARA. ¿Si me pega?

DAVID. ¿Te maltrata psicológicamente?

SARA. No, no; no es nada de eso.

DAVID. ¿Seguro?

SARA. Sí, seguro.

DAVID. Tienes cara de no dormir y de estar muy inquieta.

SARA. Sí; sí que estoy inquieta. Y tampoco duermo demasiado bien últimamente.

DAVID. ¿Lo ves?

SARA. ¿Qué?

DAVID. Que sí que comprendo lo que te pasa.

SARA. Todo es mucho más sencillo. O más complicado, vete a saber. Yo estoy enamorada, ¿lo entiendes?

DAVID. Sí.

SARA. Muy enamorada, y él... Él no sabe si me quiere.

DAVID. ¿Por qué no?

SARA. Tiene miedo.

DAVID. ¿Miedo de ti?

SARA. No, de mí no; del amor.

DAVID. Qué tío más raro.

Sara. ¿Raro?

David. Sí, muy raro.

Sara. ¿Por qué?

David. Porque toda la peña quiere enamorarse, y él...

Sara. Quizás es porque no ha tenido una buena experiencia.

David. ¿Qué le ha pasado?

Sara. Hace un año que se separó de su mujer y solo buscaba un rollo, ¿comprendes?; alguien con quien salir y pasárselo bien. Eso es normal después de una mala experiencia. Pero las cosas entre nosotros han llegado demasiado lejos y lo que empezó como un juego nos ha acabado atrapando a los dos. Yo no quería enamorarme así y él... Él no tiene fuerzas para hablar claro... Por una parte, me quiere y está muy bien a mi lado; pero, por otra, tiene miedo a un nuevo compromiso, no quiere fracasar de nuevo... Además, tiene un hijo.

David. ¿Como yo?

Sara. No; de tres años solamente. Quedamos para vernos y aclarar la situación, pero no vino a la cita y no responde al teléfono... Claro que todo eso me afecta y no me deja dormir bien. Estoy inquieta. Pero intento que mis problemas personales no contaminen mi actitud profesional, ¿entiendes?

David. Sí.

Sara. ¿Se nota mucho?

David. Se nota.

SARA. ¿Mucho? ¿Se me nota mucho?

DAVID. Tú siempre has sido una profesora alegre y ahora no lo eres tanto. Eso es lo que nota la mayoría: que ya no sonríes de la misma manera y que las clases son más pesadas.

SARA. ¿Mucho más pesadas?

DAVID. Más que antes.

SARA. ¿Insoportables?

DAVID. No; no tanto como otras, pero sí menos entretenidas que antes.

SARA. Una clase no es un programa de televisión.

DAVID. A mí no me interesa la televisión.

SARA. Quiero decir que, por mucho que nos esforcemos en que sean amenas, una clase exige esfuerzo, concentración...

DAVID. Antes hacíamos lo mismo y no era tan pesado.

SARA. ¿Y qué puedo hacer?

DAVID. No te preocupes; todavía eres más soportable que la mayoría. Pero yo lo he notado más que los demás.

SARA. ¿Sí? ¿Por qué?

DAVID. Por cosas...

SARA. ¿Qué cosas? *(Pausa)*. ¿Por tu madre?

DAVID. ¿Mi madre?

SARA. Has dicho que yo ponía la misma cara que tu madre. ¿Por eso lo has notado más?

DAVID. Sí; por mi madre y porque yo te conozco mejor que el resto de la clase.

SARA. ¿Qué le pasa a tu madre? *(Silencio).* Yo he cumplido y te he contado qué me pasa a mí; ahora te toca cumplir a ti. ¿Por qué mi cara te recuerda a la de tu madre?

DAVID. *(Después de una pausa).* Está embarazada.

SARA. ¿Embarazada? Pues yo no; yo no estoy embarazada.

DAVID. Yo no he dicho que estés embarazada, sino que pones la misma cara.

SARA. Sí, perdona... ¿Y qué pasa? ¿Lleva mal el embarazo?

DAVID. No; ella dice que todo es normal. Pero mi padre no quiere.

SARA. ¿No quiere el bebé?

DAVID. No.

SARA. ¿Y tú?

DAVID. A mí me da igual... Tendré catorce años más que ella, pero si mi madre quiere... Mi madre estaba loca por tener una niña y le han dicho que lo será. Ella está muy contenta, pero él cree que llega en mal momento y le pega.

SARA. ¿Qué?

DAVID. Lo has oído perfectamente: le pega. *(Pausa).* Desde hace un tiempo, mi padre bebe y le pega.

SARA. Tu padre es abogado, ¿no?

DAVID. Sí; trabaja para una gran empresa, y mi madre tiene una tienda de ropa infantil. Pero le pega. Y las cosas no van bien. Yo no puedo hacer nada. Me gustaría hacer algo, pero no sé qué. Solo intento estar fuera de casa el mayor tiempo posible.

SARA. *(Intentando quitar hierro)*. ¿Y no hay ningún elixir que pueda resolverlo?

DAVID. No; parece ser que no. O yo todavía no sé lo suficiente. Mi casa ya no es lo que era.

SARA. ¿Y por eso no puedes preparar los exámenes y faltas o llegas tarde a clase?

DAVID. Por eso y por más cosas.

SARA. ¿Qué cosas? *(Pausa)*. ¿Qué más hay? *(Pausa)*. Según me dijo *tu padre* por teléfono, confías en mí; ¿es cierto? *(DAVID asiente con la cabeza)*. Entonces ¿por qué no me lo cuentas todo?

DAVID. El de la llamada no era mi padre.

SARA. *(Fingiendo sorpresa)*. ¿No?

DAVID. No; y lo sabes de sobra. Enseguida supiste que mi padre no era mi padre, sino yo. Lo hice como el culo. Lo tenía todo perfectamente ensayado, pero luego... ¿Quieres que me crea que no lo adivinaste?

SARA. No.

DAVID. ¿No lo adivinaste?

SARA. Sí, lo adiviné; era bastante evidente. Quería decir que no quiero que creas lo que no es. *(Pausa)*. ¿Qué más hay?

DAVID. Los amigos...

SARA. ¿Te insultan? ¿Te pegan?...

DAVID. No, me amenazan.

SARA. ¿Qué tipo de amenazas?

DAVID. Me llaman cobarde y me amenazan con pegarme una buena paliza y echarme de las competiciones de monopatín si no hago lo que quieren.

SARA. ¿Y qué es lo que quieren?

DAVID. Insultar a los inmigrantes y a los maricas...

SARA. ¿Solo insultarlos?

DAVID. No; pegarles, perseguirlos de noche, atacar a algunos compañeros... Incluso a personas adultas... con bates de béisbol, y luego... luego correr con los monopatines.

SARA. ¿Y coches? ¿También quemáis coches?

DAVID. No, nosotros no hemos incendiado los coches que salen en el periódico.

SARA. ¿Sabes quién ha sido?

DAVID. Sí. Pero nosotros no. La otra noche..., la noche del día que no fui al examen, fue la peor...

SARA. ¿Por qué?

DAVID. Me fui de casa para no ver otra discusión entre mis padres, una discusión que, estaba seguro, acabaría con golpes y bofetadas... Me reuní con los amigos y dimos una vuelta con los monopatines y luego... Luego tuve que matar un gato...

SARA. ¿Un gato?...

DAVID. Un gato que habían atrapado no sé dónde y... y me obligaron a matarlo.

SARA. ¿Por qué?

DAVID. Porque sí; porque así son las cosas. Hay que demostrar valentía, cojones, que eres un hombre de verdad y no una nenaza, que estás en el grupo. Eso es suficiente, ¿no?

SARA. No.

DAVID. Para ellos sí. *(Pausa).* Yo no había matado nunca un gato y... ¡Uf!, no me gustó... Lo pasé muy mal... Creía que sería divertido, pero no..., no fue nada divertido matar ese gato... Lo ataron y lo pusieron en el suelo, y yo... yo tenía que saltar, con un *hardflip*, por ejemplo...

SARA. ¿Qué es eso?

DAVID. ¿Qué?

SARA. El *hard...*

DAVID. El *hardflip* es un tipo de salto. Te lanzas al aire y luego caes suavemente sobre el suelo; es como un aterrizaje largo y continuo. Pero esta vez tenía que caer violentamente sobre la cabeza del gato, dejar caer todo el peso de mi cuerpo con fuerza y aplastarle la cabeza a la primera...

SARA. ¿Y lo hiciste?

DAVID. Sí.

SARA. ¿A la primera?

DAVID. Sí, soy muy bueno; y todos me aplaudieron. Después...

SARA. ¿Todavía hay más?

DAVID. Eso fue lo que más me afectó.

SARA. ¿El qué?

DAVID. El gato murió en el acto, con la cabeza llena de sangre... Después... Después tenía que lanzarlo contra un viejo que dormía entre bolsas, papeles y cartones en la puerta de un banco...

SARA. ¡¿Qué?!

DAVID. El hombre se asustó..., empezó a gritar... y lloraba... Tal vez estaba borracho..., no lo sé..., pero la sangre..., la sangre del animal le ensució la cara..., toda la cara llena de sangre... del gato... A mí no me divertía, pero los otros se reían y yo también... me reía como ellos... para ser del grupo... Echamos a correr con los monopatines y después...

SARA. ¿Otro gato?

DAVID. Después fuimos a casa de un compañero y dejamos una nota en el buzón de sus padres...

SARA. ¿Qué decía la nota?

DAVID. Su hijo es un marica cobarde; le encanta mirar las pollas en los vestuarios y chuparla en los váteres...

SARA. Como en el caso del dibujo.

DAVID. Era el mismo.

SARA. ¿Por qué lo hicisteis?

DAVID. No podíamos dejar que los profes ganarais.

SARA. ¿Qué quieres decir?

DAVID. Que por su culpa me habían expulsado de clase y algunos profes me tienen manía.

SARA. ¿Y es verdad?

DAVID. ¿Qué?

SARA. Eso de los vestuarios y los váteres.

DAVID. No lo sé. *(Pausa)*. No; creo que no... Pero no importa; eso no importa para nada. Lo que pasa es que se negó... No quiso explicarles unos problemas de física ni les dejó el monopatín...

SARA. ¿A quién?

DAVID. No lo sé... No quiero dar nombres... No me acuerdo...

SARA. Pero ¿qué os pasa? ¿Os habéis vuelto locos?

DAVID. Yo he venido a hablar contigo...

SARA. Y te lo agradezco; es una prueba de confianza. Lo sé. Pero no es suficiente.

DAVID. Algunas noches no puedo dormir y tengo pesadillas. Como cuando...

SARA. ¿Qué?

DAVID. Una tarde perseguimos a una chica... Íbamos con los monopatines y con pasamontañas para que no nos reconociera... Uno de los nuestros se abalanzó sobre ella y la tiró al suelo... Después... Después todos los demás le pasamos por encima haciendo piruetas sobre su cuerpo: *hardflip, airwalk, varial kickflip...*

SARA. ¿Qué es todo eso? ¿Más trucos de monopatín?

DAVID. Sí; fue divertido.

SARA. ¿Divertido?

DAVID. Ella lloraba y tenía mucho miedo, y eso era terrible; pero saltarla y hacer los pasos...

SARA. ¿Te resultó divertido?

DAVID. Nunca lo había probado.

SARA. ¿Y lo has hecho más veces?

DAVID. Una más, pero ya no salió tan bien.

SARA. ¿Por qué no?

DAVID. La chica se resistió y acabó toda llena de sangre... Tuvimos que taparle la boca con un pañuelo para que no gritara...

SARA. ¡Salvajes!

DAVID. Aquella noche tampoco pude dormir...

SARA. ¿Y ellas? ¿Has pensado en aquellas chicas? ¿Y en el compañero? ¿Has pensado en todos ellos?

DAVID. Sí.

SARA. ¿Y qué?

DAVID. Por eso no quiero seguir... Pero tengo miedo... No quiero que me insulten ni que me persigan...

SARA. Hay que denunciarlo.

DAVID. ¿Qué?

SARA. Denunciarlo.

DAVID. ¿Denunciarlo? ¿Denunciar qué? ¿A quién?

SARA. A la Policía. A quien sea, pero hay que terminar con todo esto.

DAVID. No, no; yo no soy un *chivata*.

SARA. Hay que denunciar las acciones de este grupo de gamberros.

DAVID. No.

SARA. Tienes que entenderlo.

DAVID. No.

SARA. Es la única opción.

DAVID. No. Yo no denuncio a nadie.

SARA. Si no lo haces, tú también eres cómplice.

DAVID. ¿Cómplice? ¿Que yo soy cómplice?... No; yo no soy un *chivata*. Nada más. *(Violento)*. ¿Qué pretendes? ¿Que yo también sea un marica, un nenaza que se caga encima?... No; de ninguna manera... Y no sé por qué he venido a contártelo... Mi padre tiene razón, ellos tienen razón: no se puede confiar en las mujeres... Sois todas iguales, cobardes, zorras y cotillas... *(Movido por una violencia desconocida, empieza a dar golpes a SARA. Ella, sorprendida y asustada, no puede hacer nada).* ¡Putas! Todas sois unas putas... Creía que tú eras diferente... Que podía confiar... Y no... Eres como todas..., puta..., cotilla..., cobarde... *(La mujer ha caído al suelo y se protege como puede de los golpes. De repente, DAVID abraza a SARA).* Perdóname..., perdóname... ¿Por qué lo he hecho?... No quiero ser como mi padre... ¿Por qué?... No quería... Yo no quería...

(SARA está a punto de corresponder a su abrazo y acariciarle el pelo, pero deja la caricia en suspenso. Suena el teléfono y durante el fundido a negro se oye la voz de un hombre que dice: «Lo siento, Sara. Te quiero, pero búscate a otro. Te mereces a alguien mejor que yo...»).

6

SARA

(SARA camina sobre una cinta de correr. Gasta energía. Rabia, desconcierto y desesperación).

SARA. ¡Idiota! ¡Idiota! ¡Idiota! Soy una idiota y un saco de tópicos. Toda yo no soy más que un saco de tópicos... El amor, la enseñanza... Tengo la cabeza y el corazón llenos de ideas sobadas... Pero no, no; la vida acaba con todos los solucionarios y los convierte en fantasmas... Solo las preguntas permanecen... Cambian las respuestas, no las preguntas... Y algunas respuestas contaminan de tal manera las preguntas que, al final, ya no sabes ni lo que preguntas porque nada se ajusta a las respuestas previstas... *(Descansa un poco y se seca el sudor).* ¡Uf, vaya mierda!... Todo es una mierda... Mi padre dice que no tengo derecho a quejarme... Ah, ¿no?, y me hace responsable, me acusa y sostiene que yo soy la culpable... ¿Culpable? ¿Culpable de qué? Para él todo es muy sencillo: información, autoridad, disciplina... Esta es la base de la enseñanza. Una función social, dice, una gran función social, la enseñanza, mientras haya información adecuada y autoridad. Sobre todo, eso, autoridad... La enseñanza es la base de la sociedad... Pero yo no estoy para discursos gastados, sino para que me quieran... Solo eso, un poco de cariño y nada más... ¿Y ahora qué? ¿Qué hago? ¿Denuncio o exculpo? ¿A cuál de todos? ¿A mí? ¿A él? ¿A David?... ¿Me denuncio a mí por ser una idiota, como dice mi padre, y no haber dado parte de lo de David inmediatamente?... No, papá; ya no. Tus métodos han fallado y la enseñanza ya no es más que un grano de arena en medio de un inmenso océano de grillos... ¿Y el amor? ¿Por qué creo en el amor? ¿Qué necesidad hay de creer en él?... ¡Uf! Estoy tan confusa... Y él... ¿Es normal que un hombre como él tenga tanto miedo al amor y al compromiso?... Sí, es normal; tiene que ser completamente normal... *(Camina de nuevo sobre el aparato con más fuerza).* No me puedo creer que solo sea un cobarde... que haya jugado conmigo o que me haya pisoteado el corazón para divertirse como si yo también fuera un gato callejero... No, no; no me lo puedo creer... Respuestas, papá... ¿Dónde están las respuestas?... Quiero respuestas, no ese blablablá con el que sigues protegiéndote de la realidad... *(A la cinta de correr).* Corre, vamos; corre... ¿O es que tampoco te quedan energías a ti?... *(Imitando la voz del hombre).* «Te quiero, pero búscate a otro. Te mereces a alguien mejor que yo»... Y eso es todo; un mensaje en el contestador del móvil después de tanto tiempo... «Te mereces a alguien mejor que yo»... ¡Mierda! ¿Por qué todo el mundo se cree con derecho a opinar e intervenir en mi vida?... Tengo veintiséis años... Sé a qué hombre quiero y me merezco... No hace falta que nadie me diga lo que siente mi corazón... Me falta experiencia, ya lo sé; pero también sé lo que me dice el corazón... *(Acelera la cinta tanto como puede)*. No debería hacerlo... No debería fiarme de los sentimientos y tendría que ser más racional, más fría; ponerme una coraza para evitarme problemas... Dejar bien claro quién manda y quién tiene la autoridad, como dice mi padre... Los alumnos deben tener puntos claros de referencia, es cierto, pero no sé..., yo... ¿Por qué es tan difícil seguir el impulso del corazón? ¿Qué falla? ¿Qué falta?... *(Descansa un poco)*. ¿He actuado correctamente con David? ¿Intenté entenderlo para ayudarlo o solo buscaba echarle encima a alguien toda la mierda de mi desconcierto? Si lo supiera..., si pudiera saberlo... ¿Y ahora tengo que denunciarlo? ¿Denuncio a David o le demuestro que todavía confío en él y que todo eso no ha sido más que una crisis momentánea?... No es más que un adolescente... Pero, si ha pegado una vez, ¿no pegará nunca más?... ¿Y él?... Ah, ¿le llamo y le digo: «Lo que quieras, sin compromisos, como quieras»? «Haz lo que quieras, soy tu marioneta, tu juguete, tu puta... Te necesito, sí; necesito tu abrazo y un poco de luz»... Basta de divisiones y clasificaciones... Un pensamiento para cada cosa y una cosa para cada pensamiento... Razón contra pasión, juego contra disciplina... ¡Chatarra! ¡Mierda! ¡Basura! Un vertedero de residuos envenenados... Armonía... Un poco de armonía... Pero no te preocupes, papá; maduraré... Cuando tenga cuarenta años, ya no seré como ahora... Entonces todo será diferente, aunque seguirán las mismas preguntas... Pero tal vez ya me habré acostumbrado y tendré respuestas automáticas, corazas afectivas... Al madurar, todo se ve de otra manera, dicen; pues yo también... Sí, yo también lo veré todo de otra manera cuando tenga cuarenta años... ¿Por qué iba yo a ser diferente?... *(Pausa)*. Pero no; no quiero... No quiero para mí este futuro... No; de ninguna manera... *(Retoma la marcha y se obliga a continuar practicando ejercicio)*. ¿Y ahora qué hago?... Tengo que tomar una decisión... ¿Lo dejo pasar de momento a ver cómo reacciona David? ¿Y él? ¿Qué hago con él y conmigo misma?... *(Involuntariamente, inclina su cuerpo en un gesto de dolor silencioso. Sin embargo, de repente toma un nuevo impulso y se muestra decidida)*. Ah, basta, basta; esto no puede seguir así... Esta parece la cinta de las lamentaciones en vez de la cinta de ponerme en forma... ¡A la calle! Tengo que salir a la calle... Seguro que en la calle encontraré una respuesta...

7
SARA Y DAVID

(El parque iluminado al atardecer. SARA corre por unos caminos solitarios y mal iluminados. Se sienta en un banco para descansar un rato. Al poco, en otra zona, vemos llegar a DAVID con su monopatín. Lleva un pasamontañas y gafas oscuras en vez de su gorra característica. Resulta difícil reconocerlo. Observa a la mujer discretamente e intenta pasar inadvertido fundiéndose entre las primeras sombras de la noche y los gritos y ruidos de un grupo de jóvenes que practican skateboarding *en una plaza del parque. En un momento dado, se quita las gafas y se descubre la cara).*

DAVID. No me ha visto ni me puede reconocer con esta ropa... No; imposible que sepa quién soy, y este es un buen sitio para observarla... ¿Y por qué viene aquí? ¿Por qué se sienta en este banco y mira cómo hacen *skate* esa pandilla de inútiles? Nadie me llega a la suela de los zapatos... ¿Quizás me está buscando? No; yo no soy de este barrio y nunca había venido a este parque... Solo llevo tres días vigilándola y ni se ha dado cuenta... Y es curioso, cada día lo mismo: salir a correr y descansar siempre en el mismo banco... ¿Por qué se sienta ahí? ¿Espera a alguien? ¿Y por qué no va a clase? ¿Estará enferma de verdad? Dicen que está enferma, pero no lo parece... A mí no me lo parece... Solo se la ve distante y pensativa... Tal vez sigue esperando que venga su amante... La verdad es que se comporta de una manera bastante rara... ¡Mujeres! ¡Todas las mujeres son iguales!... ¿Y conmigo? ¿Qué piensa hacer conmigo? ¿Me denunciará y me expulsarán?... Que haga lo que quiera, me la suda; ¡me la suda todo y todos! ¡Qué les den por culo! No me importa nada de nada. Si me echan, no seré ni el primero ni el último. Que me echen; encontraré otro colegio... Y mis padres... ¡Uf! Mi madre llorará como siempre y me soltará un sermón sobre el respeto y todas esas gilipolleces de mierda... Y mi padre... Mi padre no dirá nada... Me mirará con cara de odio y quizás me levantará la mano, pero no me pegará. No, a mí no me pegará porque sabe que se la devolveré, ¿qué se ha creído?... Después, se girará hacia mamá y le dirá: «Ya ves lo que has hecho; querías encargarte de su educación y, ya lo ves, ni para eso sirves»...

(SARA *se levanta y mira hacia el sitio donde se oculta* DAVID. *Se la ve un poco inquieta. Pausa tensa.* DAVID *no se mueve, expectante. Después,*

SARA se dispone a continuar corriendo y de pronto desaparece).

DAVID. ¿Me ha visto?... No, no; imposible... Es imposible que me pueda ver... Y aunque me vea, no me puede reconocer... Así no me reconocería ni mi propia madre... ¿Y adónde va?... ¿Por qué corre por esos caminos?... No es normal... Nunca ha seguido esta ruta antes... ¿Qué pretende?... Se ha parado... Se gira... Parece que duda... ¿Qué busca?... Y ahora... Ahora viene hacia aquí... ¿Quizás viene a por mí?... Sí; me debe de haber descubierto... Es muy lista... Sí, es muy lista; pero me tiene miedo... Está cagada de miedo... Y no es más que una idiota si cree que me encontrará antes de que yo quiera y como yo quiera... Este es mi juego, profesora, y mi terreno; no el tuyo... *(Se cubre la cara otra vez y se pone las gafas).* Si quieres verme, tendrás que esperar un poco más... Todavía no estoy preparado para hacer lo que tengo que hacer...

(DAVID sale. Entra SARA).

SARA. Paranoica... Me estoy volviendo paranoica... Tengo la sensación de que alguien me sigue desde hace días... Y ahora... ¡Uf! Veo fantasmas y persecuciones donde no hay nada... Yo diría que aquí había... Pero, no, todo es producto de mi cabeza...

8
SARA Y DAVID

(El parque de noche. DAVID está sentado en el banco donde se había sentado SARA y lee un libro. Aparece SARA paseando. Ve a su alumno y se detiene un momento en la distancia. Al fin, sorprendida y cautelosa, pero decidida, se acerca al joven. Él, aunque la está esperando, no puede disimular cierto nerviosismo, que intenta esconder, de entrada, con una actitud distante y casi petulante).

SARA. ¿David? Hola... ¿Qué haces aquí?

DAVID. Es un parque público.

SARA. Sí, claro; pero tú... Tú no vives por esta zona.

DAVID. Bueno, ¿y eso qué más da? Yo paseo por toda la ciudad.

SARA. ¿Y tu monopatín?

DAVID. Hoy ya he entrenado.

SARA. A veces, viene una pandilla de jóvenes a practicar saltos.

DAVID. Son muy malos.

SARA. Como yo no entiendo, me parece que lo hacen muy bien.

DAVID. Son unos mierdas.

SARA. ¿Los conoces?

DAVID. No; pero los he visto...

SARA. ¿Vienes mucho por aquí?

DAVID. ... alguna vez.

(Silencio).

SARA. Ha sido una sorpresa...

DAVID. ¿Qué?

SARA. No me esperaba... Nunca te había visto por aquí.

DAVID. No, claro.

SARA. ¿Y tú?

DAVID. ¿Yo?

SARA. ¿Me habías visto aquí antes?

DAVID. Sí.

SARA. ¿Sí?

DAVID. Sí.

SARA. ¿Y por qué no me has dicho nada?

DAVID. Porque... porque no tenía nada que decirte.

SARA. ¿Y ahora?

DAVID. ¿Ahora?

SARA. ¿Ahora quieres decirme algo? *(Silencio).* ¿Me esperabas?

DAVID. ¿Qué?

SARA. ¿Me estabas esperando?

DAVID. No... No; en realidad, no.

SARA. ¿No?

(Pausa).

DAVID. Bueno, sí; te esperaba... Te estaba esperando...
El otro día...

SARA. ¿Qué día?

DAVID. Lo sabes de sobra; el otro día...

SARA. No sé de qué día hablas.

DAVID. Te di miedo...

SARA. Miedo...

DAVID. Miedo. No digas que no; te di miedo...

SARA. ¿Por qué?

DAVID. Porque creíste que te perseguía y quería hacerte
daño...

SARA. No...

DAVID. ... como al gato...

SARA. No...

DAVID. Sí.

SARA. No, como al gato no; pero...

DAVID. Estabas aterrorizada...

SARA. Está bien; sí, de acuerdo, tenía miedo...

DAVID. ¿Lo ves?

SARA. ¿Qué?

DAVID. Yo lo sabía... Sabía que tenías miedo...

SARA. Pero no era de ti...

DAVID. ¿No?...

SARA. Ni se me pasó por la cabeza que fueras tú...
Aunque después..., después, en casa, lo pensé...

DAVID. Ah, sí...

SARA. No sé cómo ni por qué se me ocurrió que podrías ser tú..., pero no... no tuve miedo de ti ni de nadie, sino de mí... Tuve miedo de mí...

DAVID. ¿De ti?

SARA. De mí misma.

DAVID. ¿Miedo de ti misma?

SARA. Sí.

DAVID. ¿Por qué?

SARA. Porque deseaba ver a otra persona.

DAVID. ¿A qué otra persona? ¿A tu amante?

SARA. Nos conocimos aquí mientras corríamos y creía que me volvería a encontrar con él.

DAVID. ¿Y por eso tenías miedo de ti misma?

SARA. Sí.

DAVID. No lo entiendo.

SARA. No sabía cómo podía reaccionar. Quería encontrarme con él, hablarle, y, al mismo tiempo... no; al mismo tiempo no quería...

DAVID. Todo eso es muy complicado.

SARA. ¿Tú crees?

DAVID. Sí.

SARA. ¿Tanto como tú?

DAVID. ¿Como yo?

SARA. Sí

DAVID. No, yo no soy nada raro.

SARA. ¿No?

DAVID. No.

SARA. ¿Y por qué me estabas esperando? ¿Por qué vienes ahora a este parque?

DAVID. Porque...

SARA. Porque es un parque como cualquier otro, ¿no?

DAVID. Bueno, sí... Puedo ir al parque que quiera, ¿no?

SARA. Y es solo por eso por lo que ahora estás sentado en el banco donde suelo sentarme yo a descansar.

DAVID. Sí.

SARA. ¿Sí?...

DAVID. Quiero decir...

SARA. Tú también eres muy complicado...

DAVID. No; yo...

SARA. Todos lo somos...

DAVID. ... yo no soy como los adultos...

SARA. Eso no tiene que ver con los años...

DAVID. Yo solo tengo catorce...

SARA. Pero los afectos, el odio o el amor, no tienen edad.

(Silencio).

SARA. ¿Qué lees?

DAVID. ¿Qué?

SARA. Te dañarás los ojos con esta luz...

DAVID. Todavía veo bien.

SARA. ¿Qué libro es ese?

DAVID. Es la historia de un alquimista...

SARA. Ah, sí; no me acordaba de que te encantan las historias de brujos...

DAVID. *(De repente).* ¿Estás enferma?

SARA. ¿Qué?

DAVID. Dicen que estás enferma.

SARA. Sí; unos días... He pasado unos días enferma, pero...

DAVID. ¿Qué te pasaba?

SARA. Nada. Nada importante.

DAVID. ¿Nada importante y no vas a clase?

SARA. No me encontraba con fuerzas...

DAVID. ¿Por qué no me cuentas la verdad?

SARA. ¿Qué verdad?...

DAVID. ¿Qué te pasa? ¿De qué enfermedad se trata?

SARA. Preguntas demasiado.

DAVID. Y tú contestas muy poco.

SARA. No ha sido nada...

DAVID. ¿No?...

SARA. Necesitaba pensar, reflexionar..., volver a organizar mis ideas...

DAVID. ¿Y por qué es tan importante eso?

SARA. ¿Qué?

DAVID. Las ideas..., organizar las ideas... Mi madre también dice lo mismo, pero yo sé que ella tampoco consigue organizarse del todo...

SARA. Organizar las ideas es una forma de reencontrarse, de volver a ser uno mismo. Las ideas nos llevan a actuar de una u otra manera y nos ayudan a resolver los conflictos de manera adecuada si encontramos las ideas oportunas; o no, si no las encontramos...

DAVID. ¿Y yo? ¿Por qué yo no puedo organizar mis ideas?... A cada momento pienso una cosa y...; bueno, en realidad no me gusta pensar... porque no sé pensar... ¿Qué quiere decir *pensar*? ¿Cómo se piensa?

SARA. Cada cual lo hace a su manera.

DAVID. ¿Y no hay un pensamiento igual para todos?

SARA. Sí; hay algunos pensamientos e ideas universales, pero pocos...

DAVID. ¿Pocos?...

SARA. Sí; en realidad, son muy pocos. O menos de los que parece.

DAVID. Dime uno.

SARA. ¿Uno?

DAVID. Solo uno, un pensamiento universal.

SARA. El amor.

DAVID. ¿El amor?

SARA. El amor, el afecto..., las ganas de estar o vivir con alguien, de protegerlo, de reír juntos y hacerlo feliz a pesar de todos los problemas que se presenten. Pero...

DAVID. ¿Qué?...

SARA. Pero, con todo, el amor, que es un sentimiento universal, cada uno lo vive de una manera personal... En él no hay ni puede haber un patrón único... Cada uno tiene que descubrir su manera de querer...

(Pausa).

DAVID. Todo esto es culpa mía.

SARA. ¿Qué?

DAVID. Tu enfermedad, todo...

SARA. No...

DAVID. Sí... Yo sé que sí... A veces... A veces ni yo mismo sé lo que hago... Quiero hacer una cosa y hago otra..., quiero decir una cosa y digo la contraria... No quería meterte miedo, pero la verdad es que lo hice y me gustaba...

SARA. ¿Te gustaba?...

DAVID. Era una sensación nueva..., no sé...

SARA. Pero no lo hiciste... Ya te he dicho que no tenía miedo de ti, sino de mí misma...

DAVID. Era como si de repente tuvieras que pensar en mí como en un hombre y no como en un adolescente...

SARA. No me gustan los hombres violentos...

DAVID. En realidad, me gustaría ser como él...

SARA. ¿Como quién? ¿Como tu padre?...

DAVID. No; como el protagonista del libro...

SARA. Como el brujo...

DAVID. Este no es un brujo, sino un alquimista..., un alquimista auténtico que descubre la fórmula de la felicidad...

SARA. La fórmula de la felicidad...

DAVID. Sí. Pero todos van en su contra...

SARA. Normal...

DAVID. ¿Normal?

SARA. Sí.

DAVID. ¿Por qué?

SARA. Porque mucha gente solo se alegra y vive de la desgracia de los demás.

DAVID. Eso es lo que ocurre también en la novela. Unos quieren la fórmula de la felicidad para adueñarse de ella y controlarla, mientras que otros intentan destruirla para que nadie sea realmente feliz. Creen que el mundo funcionará mejor mientras la gente esté buscando la felicidad que cuando la consiga. Es una novela muy divertida y hay mucha acción.

SARA. ¿Y en qué consiste?

DAVID. Siempre se están persiguiendo y hay espías, peleas...

SARA. La fórmula. Yo me refería a la fórmula. ¿Cuáles son los elementos de la fórmula de la felicidad?

DAVID. No lo sé.

SARA. ¿No?

DAVID. No exactamente. Todavía no lo han contado y parece ser que no lo harán porque así podrán sacar una segunda parte, pero...

SARA. Sí...

DAVID. Pero yo creo que la fórmula de la felicidad consistirá en la paz y la justicia...

SARA. ¿Y por qué crees que estos serán sus componentes si el libro todavía no lo ha declarado?

DAVID. Porque el Alquimista detesta la guerra...

SARA. ¿Hay alguna guerra en la novela?

DAVID. Sí, muchas. Pero él las maldice todas y siempre habla con su ayudante de la ambición y la crueldad de los atacantes... Incluso pronuncia un discurso sobre la ternura ante un grupo de soldados...

SARA. ¿Ternura?...

DAVID. Pero ellos se ríen en su cara.

SARA. Grandes temas.

DAVID. ¿Qué?

SARA. Paz, justicia, ternura..., grandes palabras... Quizás demasiado grandes y todo...

DAVID. ¿Demasiado grandes?...

SARA. Lo importante no está en las grandes palabras, sino en las pequeñas...

DAVID. ¿Qué quieres decir?

SARA. Es fácil ponerse de acuerdo en las grandes palabras. Incluso los enemigos del Alquimista dirán tal vez que también buscan la paz, la justicia...

DAVID. No; ellos no. Ellos son sus enemigos...

SARA. En el relato...

DAVID. Pues claro; se trata de una novela.

SARA. Todo eso es demasiado fácil. Demasiado fácil el Alquimista y demasiado fáciles sus enemigos. La vida es otra cosa... Quiero decir... *(De repente, DAVID le agarra una mano. Ella se siente desconcertada y frágil).* ¿Qué haces? ¿Qué pretendes? Déjame...

DAVID. ¿Por qué no me pegas?

SARA. ¿Pegarte?

DAVID. Sí; yo te pegué a ti y ahora tú deberías pegarme a mí. Esa es la regla.

SARA. ¿Qué regla?

DAVID. Si te pegan, tú también tienes que pegar.

SARA. No; esa no es mi norma.

DAVID. ¿Y cuál es la tuya?

SARA. Ya lo sabrás. Ahora tengo que irme.

DAVID. ¿Volverás a clase?

SARA. Y tú, ¿dejarás de seguirme?

(Pausa. SARA sale. DAVID tira el libro contra un árbol).

DAVID. Soy un imbécil. ¿Por qué siempre lo estropeo todo?

9

SARA Y DAVID

(Han pasado unos meses. En el despacho, SARA recoge algunas cosas. Suena el teléfono).

SARA. *(Al aparato)*. ¿Sí?... Yo; soy yo... ¿Quién?... ¿La madre de Laura Poch?... Ah... Llega tarde... La entrega de notas fue hace una semana... No; no vino nadie a recoger su boletín... Hable con el jefe de estudios, yo ya no tengo nada que ver... No; ya no soy su tutora... El curso ha terminado, ¿entiende?... Tendría que haberlo pensado antes... Les he llamado muchas veces, les he mandado notas y cartas, les he advertido de cómo iba Laura... No era difícil prever lo que pasaría... Sí, lo supongo... Supongo que tienen mucho trabajo... No; no les juzgo, pero yo ya no puedo hacer nada más... Tendrá que repetir curso... Sí; es inevitable... Pero eso no es ningún drama... Quiero decir que repetir curso no es un drama ni una humillación si sirve para que mejore... No; no hay otra solución... Todo el mundo puede pasar por un momento de crisis... No; no le recrimino... Ya le he dicho que no la juzgo, pero me parece que se han confiado demasiado... Sí, claro; es su hija y tienen que confiar en ella... Pero hay que contrastar... Los profesores no somos títeres y también tenemos nuestros problemas... Perdone, pero ya no puedo hacer nada más por Laura ni por usted... Que pase un buen verano y que le vaya mucho mejor el año que viene...

(Cuelga el aparato. Pausa. El teléfono suena otra vez, pero SARA no lo descuelga. Entra DAVID con su monopatín).

DAVID. ¿Se puede pasar?

SARA. ¿Quién es?

DAVID. ¿Se puede pasar?

SARA. Ah, pasa, claro. *(Pausa).* Siéntate. ¿No quieres sentarte? *(David se sienta).* ¿Qué tal? *(Pausa).* ¿Puedo hacer algo por ti?

DAVID. ¿Más?

SARA. ¿Qué?

DAVID. ¿Más todavía?

SARA. ¿Más todavía? No exageremos. Solo he intentado cumplir con mi obligación... entre dudas... Entre muchas dudas, esta es la verdad.

DAVID. Me han dicho que te vas.

SARA. ¿Irme? Bueno, sí; claro que me voy.

DAVID. ¿Adónde?

SARA. ¿Qué?

DAVID. ¿Adónde te vas?

SARA. No lo sé; todavía no lo he decidido.

DAVID. ¿No lo has decidido y te trasladas a otra ciudad?

SARA. ¿Trasladarme? No. ¿Quién te ha dicho eso?

DAVID. No sé; lo he oído...

SARA. No deberían hablar de mí. Me quedo. Quizás ahora estoy más preparada que nunca... Me voy de vacaciones, claro, como todo el mundo. Pero volveré. El año que viene volveré a empezar. ¿Y tú? ¿Qué harás?

DAVID. Estudiar.

SARA. ¿De verdad?

DAVID. Sí; estudiaré e intentaré no repetir curso.

SARA. Si te lo propones, lo conseguirás.

DAVID. No repetiré.

SARA. Te veo muy seguro.

DAVID. Lo estoy.

SARA. No deberías descartar un suspenso. Repetir curso, al fin y al cabo, tampoco es una tragedia si eso te ayuda a madurar.

DAVID. Ya he madurado.

SARA. Ah, ¿sí?

DAVID. Gracias a mi hada...

SARA. ¿Un hada? ¿Qué hada? Hablemos en serio.

DAVID. He descubierto un filtro, un elixir contra los malos espíritus. Un día invoqué a mi hada protectora y ella me dio la receta.

SARA. ¿Y qué pusiste?

DAVID. Todo mi amor por ella y unas hojas de albahaca.

SARA. ¿Lo ves? El amor hace milagros. Eso es lo que se cuenta en la ópera que tanto le gusta a tu madre, *El elixir de amor.*

DAVID. ¿Y ya no nos veremos más?

SARA. ¿Qué?

DAVID. El año que viene cambiaré de instituto.

SARA. ¿Por qué?

DAVID. Mi madre ha decidido separarse y este verano nos trasladaremos. Yo me voy con ella, y por eso tendré que ir a otro instituto... Pensaba... No sé... había pensado que, si tú también te trasladabas..., no sé..., quién sabe..., que tal vez nos volveríamos a encontrar... Pero ya veo que no...; todo ha sido un rumor falso...

SARA. O un deseo equivocado.

DAVID. ¿Qué quieres decir?

SARA. Algún día lo entenderás.

DAVID. ¿Cuando sea un adulto?

SARA. No; ser adulto no tiene nada que ver en absoluto. Hay muchos adultos que tampoco lo entienden; yo misma...

DAVID. ¿Tú?...

SARA. No es fácil darse cuenta de un deseo equivocado... ¿Y cómo está?

DAVID. ¿Quién?

SARA. Tu madre.

DAVID. Mejor, mucho mejor.

SARA. ¿Todavía pone la misma cara que yo?

DAVID. Desde que han decidido separarse, está más tranquila y ya no discuten tanto. Ahora solo piensa en la niña. A veces me deja escuchar los movimientos en su vientre y... es impresionante...

SARA. ¿Impresionante?

DAVID. Sí, muy impresionante. No sé cómo decirlo. Me gustaría... Me gustaría ser un buen escritor para poderlo explicar...

SARA. Hay cosas que ni el mejor escritor puede esclarecer.

DAVID. ¿Por qué no?

SARA. Porque el lenguaje también tiene sus límites. En cambio, la vida... La vida es limitada, pero inalcanzable... No hay palabras que la puedan explicar.

(Pausa).

DAVID. ¿Por qué lo hiciste?

SARA. ¿Qué?

DAVID. ¿Por qué no me denunciaste?

SARA. No lo sé. *(Silencio).* Porque un adolescente también tiene derecho a ser entendido. Además, ¿de qué habría servido? ¿Crees que tú habrías cambiado a mejor si te hubiera denunciado?

DAVID. No lo sé. *(Pausa).* No... Quizás no; quizás me habría enfadado más todavía.

Sara. Sí, probablemente habría sido peor el remedio que la enfermedad. No lo sé. Pero cada caso es cada caso y no se pueden aplicar medidas rígidas y absolutamente válidas para todos. La educación es un riesgo, el amor es un riesgo. Si te arriesgas, puedes caerte y hacerte daño, pero, si no..., estás muerto. Mi padre no estaría demasiado de acuerdo con esto, pero...

David. ¿Tu padre también es profesor?

Sara. Sí, también; pero él tiene otros métodos. En fin. Ahora, si no te importa, me gustaría terminar de recoger mis cosas.

David. ¿Todavía te martirizan por teléfono?

Sara. No; ya no.

David. Mientes otra vez.

Sara. ¿Mentir?

David. Te he oído discutir otra vez con la madre de Laura.

Sara. Pero esta vez has llamado a la puerta.

David. Eso es porque el hada me ha ayudado a cambiar. *(Silencio).* Me voy. *(Silencio. No se mueve).* Suerte.

Sara. Suerte. *(David está a punto de salir).* Eh, que te dejas el monopatín.

David. ¿Qué?

Sara. El monopatín.

David. Es tuyo.

Sara. ¿Mío?

DAVID. Sí; es para ti.

SARA. No, David; yo...

DAVID. Acéptalo como el elixir de un alquimista moderno.

(DAVID sale. Pausa. SARA agarra el monopatín y ve que lleva un sobre pegado. Lo arranca y lo abre. Dentro hay una nota. Parece un papel con un dibujo, como al principio. Lo despliega y lee).

SARA. *(Leyendo).* «Detrás, en tinta invisible, está la receta de un elixir de amor que por fin he descubierto. Creíste en mí y eso me ayudó a encontrarla. Tú eres mi hada. Gracias a ti, nunca más haré daño a un animal. Te lo juro. El amor puede hacer milagros, como los elixires. Te quiero. No soy el hombre que te mereces, pero te quiero». *(Pausa. Sonrisa).* Hombres... Aunque solo tengan catorce años, hombres al fin y al cabo...

(Oscuro sobre SARA. En otro plano del escenario, aparece DAVID con un monopatín nuevo. Se quita la gorra y parece más mayor que el adolescente que conocemos. Habla con el público).

DAVID. No es fácil tener catorce años. Pero yo, como todo el mundo, también los tuve y, a pesar de todo, los superé. Quiero decir que, visto que el tiempo nunca se detiene, cumplí quince, dieciséis y todos los años que vinieron después... Pero ninguno, ninguno de los años que siguieron, fue como aquel. Y ella, mi hada, tenía razón: el lenguaje también tiene sus límites y no hay palabras para expresar de forma adecuada todo lo que sentí en aquellos doce meses. A veces un año cubre toda una vida y toda una vida puede meterse en un solo año... Paradojas del tiempo, pero así son las cosas... Y ahora sé que, al fin y al cabo, aquella historia no fue tan solo la historia de mi primer amor adolescente, un amor confuso y apenas presentido. No, también fue la historia de un desconcierto. Ella era una joven profesora tan desconcertada como yo ante los retos que tenía que afrontar, unos retos para los que no tenía un recetario; y yo... yo era un adolescente imbécil absolutamente alterado por todo lo que pasaba dentro de mi corazón y lo que veía que sucedía a mi alrededor... Sí, un adolescente imbécil y poco más. Pero ¿quién no ha sido un adolescente imbécil a los catorce años? *(Se pone la gorra y se prepara para repetir su salto).* En fin, la vida sigue; y yo, claro, también tengo que continuar...

(DAVID, sobre su monopatín, realiza varias figuras y saltos sobre la rampa de medio tubo –half-pipe– donde suele entrenar. Parece bastante satisfecho de sus progresos. Finalmente, intenta su David's

twister: *coge impulso, sale disparado en el aire y dibuja un tirabuzón en posición recta; pero, cuando vuelve al suelo, pierde el equilibrio y se cae).*

DAVID. ¡Mierda! ¡Mierda! No lo hago bien; todavía no lo hago lo bastante bien... Tendré que seguir entrenando...

València, octubre 2004

ANEXO I

El teatro de Pigmalión

Durante el curso 2002/2003, se produjeron en València una serie de sucesos (ataques a coches cada fin de semana por una banda de adolescentes hijos de clase media-alta, entre otras cosas) que me llevaron a pensar en la posibilidad de escribir un texto sobre la educación y la enseñanza. Un texto que se sumara a «las tradiciones temáticas de *Pigmalión*», que diría E. Llovet (*Educando a Rita*: 7). Es decir, unas tradiciones temáticas sobre el valor de la educación con obras como *Pigmalión*, de B. Shaw; *Educando a Rita*, de W. Russell; *El enemigo de la clase*, de N. Williams, u *Oleana*, de D. Mamet. Pero se trataba de sumarse desde una perspectiva diferente y de acuerdo con una problemática más actual: por una parte, quería cuestionar el poder monopolístico de los hombres como personajes principales (el profesor Higgins en el caso del *Pigmalión*, el profesor Frank en *Educando a Rita* y el profesor John en *Oleana*), mostrando una nueva manera de ejercer el poder académico a través de una joven profesora, Sara, y de las nuevas relaciones en el seno del sistema educativo sin las ambigüedades misóginas que se dan, por ejemplo, en la obra de Mamet. Un poder que ya no se quiere omnímodo, sino que se cuestiona a sí mismo y trata de ponerse al servicio de la función para la que ha sido creado. Con todos los problemas y equívocos que eso puede conllevar.

Igualmente, pretendía sacar el ámbito educativo tanto de las investigaciones y divertimentos clasistas (*Pigmalión*) como de las minorías universitarias (*Educando a Rita* y *Oleana*) para resituarlo en el espacio de la Enseñanza Secundaria Obligatoria, que es donde se forma la inmensa mayoría de la población escolar y la futura mayoría social, con el objeto de mostrar así la gran crisis que las nuevas relaciones, valores y paradigmas provocan en el seno de la comunidad educativa. Y eso, finalmente, sin caer en el estereotipo tan divulgado desde ciertas opciones políticas según el cual los alumnos de clases bajas son los más conflictivos e inadaptados (*El enemigo de la clase*): la realidad matiza o desmiente todas estas consolaciones imaginarias, como lo demuestran los hechos y la investigación psicológica y psicosocial. Porque, al fin y al cabo, solo el amor, la confianza y la estabilidad afectiva, por encima del dinero, el conductismo y otros *ismos*, se nos revelan como herramientas fundamentales de la pedagogía y la educación.

No sé si habré conseguido teatralizar de manera adecuada, con un texto directo, ameno, ligeramente imaginativo y de producción no demasiado costosa, todas estas buenas intenciones, y que, al fin y al cabo, «las tradiciones temáticas de *Pigmalión*» deben ser, en primer y fundamental lugar, teatro: carne y sangre escénica. Y si se da eso, si mis personajes, situaciones, ritmo, lenguaje... están mínimamente conseguidos, tal vez «la tradición» se habrá ampliado y se habrán roto algunos de los tópicos más recurrentes y capciosos cuando se muestra la realidad psicológica, social y poética de la enseñanza.

ANEXO 2

SALTOS Y TRUCOS DE MONOPATÍN ON THE STREET

Debo agradecer a Óscar Ferrer y Oswaldo León (exalumnos del IES Benlliure de València) sus explicaciones sobre los saltos y movimientos de los *skaters*. Y muy especialmente a Óscar, quien, además, realizó para mí los siguientes dibujos:

– *Boardslide* (barandilla)

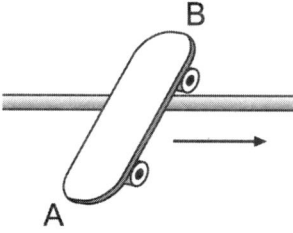

– *Lipslide* (barandilla)

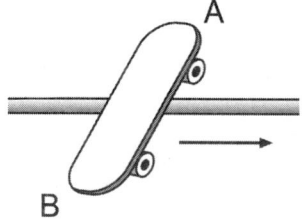

111

– *50°* (barandilla)

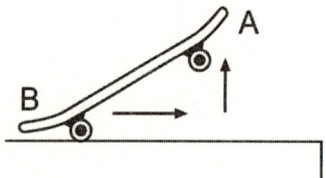

– *Nosegrind* (barandilla)

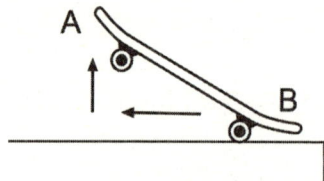

– *Nose manual*

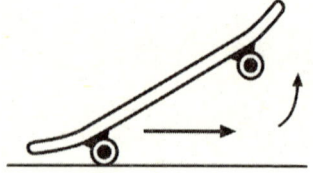

– *360° flip*

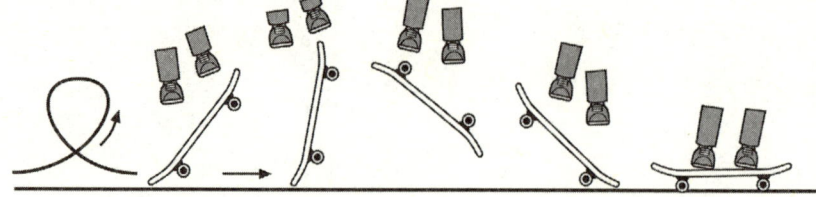

– *Hardflip* (salto)

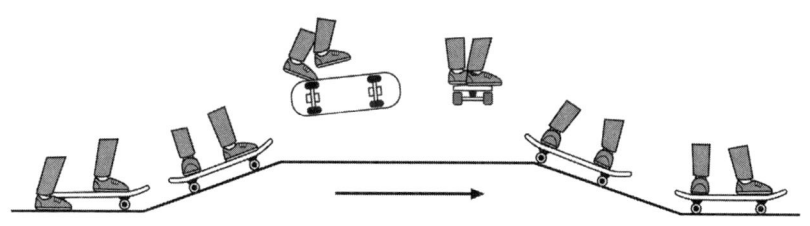

– *Airwalk* (salto)

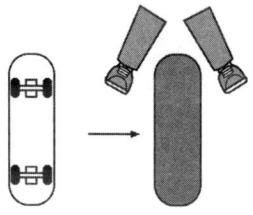

– *Varial kickflip* (salto)

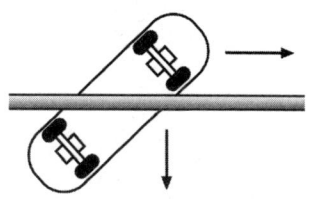

– *Casper* (estilo libre)

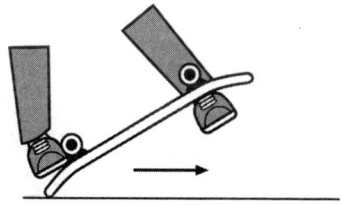

– *Dropping in*

– *Frontside air*

– *Ollie*

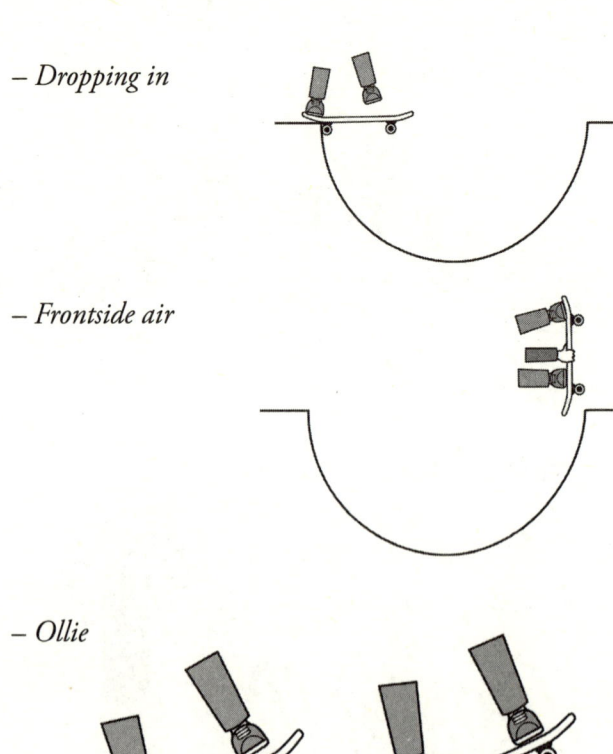

Ollie B pies delante. *Nollie*

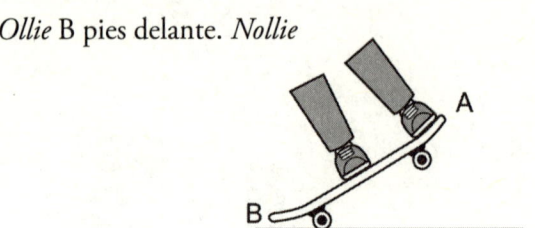

Ollie marcha atrás. *Fakie ollie*

180° a 360° *frontside ollie*

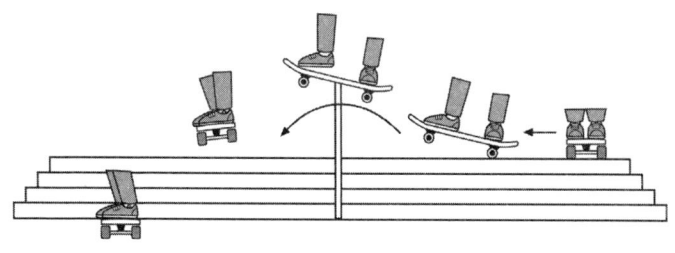

– *Kickflip*

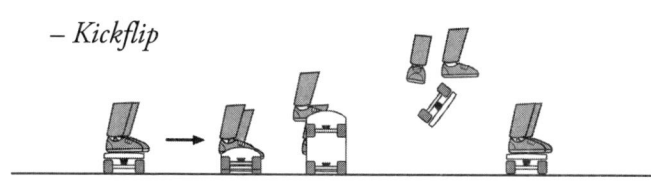

Old school kickflip

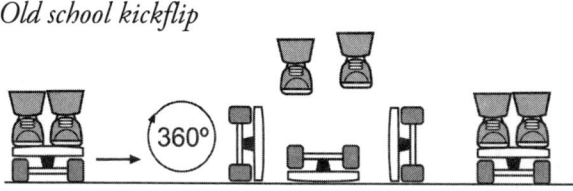

– *Pop shove it*

– Noselide

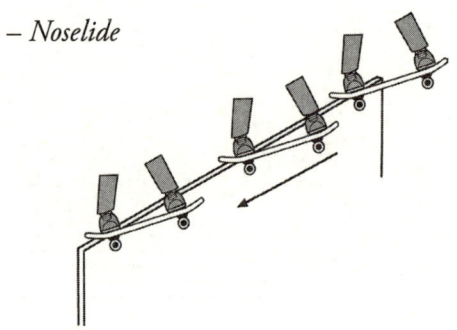

– 50-50 grind

– Caveman

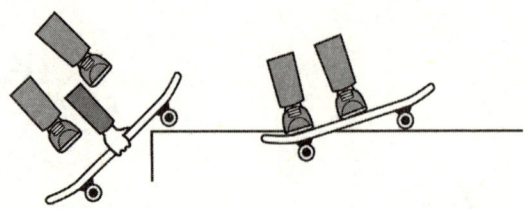

– *Goofy* (pie derecho delante)

– *Regular* (pie izquierdo delante)

ANEXO 3
Bibliografía

AA.VV. (2002). *Conflictos matrimoniales, divorcio y desarrollo de los hijos.* Madrid: Pirámide.

AA.VV. (2005). *Violencia y escuela* (ponencias). València: Centro Reina Sofía para el Estudio de la Violencia.

Echeburúa, Enrique (2000). *Personalidades violentas.* Madrid: Pirámide. Psicología, 10.

Mamet, David (1995). *Oleanna.* Barcelona: Proa. Teatreneu, 3.

Oliver, Joan (1993). *Pigmalió.* Adaptación libre de la obra de Bernard Shaw. Barcelona: Edicions 62.

Russell, Willy (1982). *Educando a Rita.* Adaptación de Enrique Llovet. Madrid: MK Ediciones. Escena, 30.

Serrano, Ángela / Iborra, Isabel (2005). *Violencia entre compañeros en la escuela.* València: Centro Reina Sofía para el Estudio de la Violencia.

Williams, Nigel (1993). *El enemigo de la clase.* València: Universitat de València.